Martin Claßen

SV

Band 838 der Bibliothek Suhrkamp

Robert Walser
Seeland

Mit fünf Radierungen
von Karl Walser

Suhrkamp Verlag

Die Erstausgabe erschien 1919 im
Max Rascher Verlag, Zürich

Erste Auflage 1984
mit freundlicher Genehmigung
der Inhaberin der Rechte,
der Carl Seelig-Stiftung, Zürich
© Suhrkamp Verlag Frankfurt am Main 1978
Alle Rechte vorbehalten
Druck: Nomos Verlagsgesellschaft, Baden-Baden
Printed in Germany

Leben eines Malers

In früher Jugend saß er in einer Dachstube und zeichnete einen Reiter. Die Zeichnung kaufte ein kunstliebender Herr für zwanzig Franken, wodurch er sich vielleicht einbilden mochte, ein jugendliches Talent wesentlich ermutigt zu haben. Zwanzig Franken scheinen aber immerhin für einen unbemittelten jungen Mann, der Künstler werden will, eine ziemlich geringfügige Unterstützung zu sein. Solcherlei spärliche Gönnerschaft kann zu unaufhörlicher Dankbarkeit kaum verpflichten. Ein Lächeln dürfte hier am Platze sein.

Die Welt war voll Holprigkeiten und Schwierigkeiten, voll Kälte und Unanteilnahme, und der junge Mann war arm. Weich ging er einher, scheinbar früh schon klug und reif. Sein Gesicht und Benehmen deuteten auf etwas Tiefes und Abenteuerliches, ließen eine seltsame Seele, einen träumenden Charakter ahnen. Noch war er ungeschult und sollte sich nun langsam Bahn brechen. Den Kopf trug er leicht gesenkt. In den Augen lag es wie eine beständige Sorge um all die heiklen Dinge, die auf den Jüngling harrten, der nur fast zu zart fühlte. Zartheit wittert rasch und intensiv, was eine grobe Haut weder von weitem noch in der Nähe wahrnimmt und merkt. Zartheit war das Merkmal unseres jungen Malers.

Da- und dorthin kam er, schlug sich tapfer durch, malte auf allerlei Manier kleine Landschaften, Wiesenabhänge mit blühenden Bäumen, Regen, Schnee und Sonne, den Herbst, den Sommer, den Winter, den stürmischen, seltsamen, gedankenreichen Frühling, einen blühenden Kirschbaum in regnerischem Grün, ein Bauernhaus in der Mittagshitze, einen schäumenden, in dunklem Wald- und Schluchtengrün verborgenen Bergbach, eine gelbliche, sonnige Bergfläche (Vogesen), wieder einmal bloß ein blumenreiches

Wiesenstück oder ein Krautfeld im feuchtschimmernden, glücklichen, fröhlich blitzenden Morgenlicht. In einer Art Kunstschule zeichnete er Kinder-, Männer- und Frauenkörper nach Modell. Natur und Malerei wurden ihm ein Endloses. Seine Lehrer bezeugten ihm, daß er fleißig und talentiert sei. Staatlicherseits wurde ihm auf ein bittendes Gesuch hin eine bescheidene Summe als Unterstützung überwiesen, doch die Kunst ist ein schwindelnd hoher Felsen, und wer einem angehenden, klimmenden Künstler etwas Weniges in Geld gibt oder in guten Ratschlägen verabfolgt, ist sich wohl selten oder überhaupt nicht bewußt, wie wenig er im Verhältnis zu den Schwierigkeiten darzubieten vermag, die sich vor der Künstlerseele und dem Künstlerkopf auftürmen, durch die sich sein Herz hindurchzuarbeiten hat. Man wagt zu sagen, daß Leute, die ein regelmäßig auf sie niederregnendes Monats- und Jahresgehalt beziehen, was ohne Frage höchst angenehm ist, sich vom Gefahrendasein des unabhängig schaffenden Künstlers schwerlich einen richtigen Begriff zu machen vermögen. Freiheit und Unabhängigkeit setzen unablässigen, harten Kampf voraus.

Ein gewisser Zug sanften Leidens und ein Ausdruck von zarter, edler Gelassenheit, die ihn auszuzeichnen begannen, machten ihn schön. Vielleicht sind duldsame Menschen mutiger als ungestüme. Letztere wollen doch immer nur, so scheint es, eine gewisse Angst überrennen.

Auf einer malenden Wanderung, die ihn durch mildes, süßes September- und Oktoberland und durch Dörfer führte, deren freisinnige, häusliche Behaglichkeit ihm gar wohl gefiel, übernachtete er in ländlichen oder Stadtgasthäusern, wie es sich fügen mochte. Ein freundlicher Maler-Kamerad begleitete ihn. Beide zogen frisch und fröhlich auf

zartgeröteten, weichen Landschaftsstraßen und -wegen leicht dahin. Wie ein goldig blitzendes Meer lag die Welt vor ihnen. Der gutmütige Morgen in seiner weißen Nebelhaftigkeit war wunderbar, und der Mittag im warmen Wirtshausgarten stellte sich reich an Ruhe und Freude dar. Meist gab es da ein friedliches, verständiges Geplauder mit Wirt, Wirtin oder Hausgesinde. Die Abende zogen wie reichgekleidete Königssöhne einher, mit gütigen, goldenen Augen, die unnennbar selig träumten. Alles klang dann süß. Von den tiefgrünen, weitumhergebreiteten Matten tönten angenehme Kuhglocken; liebe, sanfte Tiere weideten in der rührend schönen, freien, gutwilligen Abendwelt bescheiden umher, alle fröhlichen stillen Wege waren voll ruhigschreitender menschlicher Gestalten; Volks- und Vaterlandslieder drangen von da- und dorther in die aufmerksam lauschenden Ohren beider junger Wanderer. Alsdann kam die Nacht mit schauervoller Wirrnis, dichter Finsternis, Mondschein in einsamen Schluchten, Sternen und beruhigten Gedanken. In der Finsternis sind unsere Gedanken still wie kleine Kinder, die schlafen. Ein Licht kam; Tannen standen daneben, es war ein Wirtshaus, unsere Künstler kehrten als späte nächtliche Gesellen leise ein. Andern Tags gingen sie über die Berge, bis sie am Abend wieder in eine schöne Niederung und freundliche Abendlandschaft niederstiegen und -sanken.

Mild und gelind und doch auch stark und feurig sah er aus. Etwas wie einen ruhigen Naturanblick bot er dar. Sein Wesen, dem sich ein Hauch von Nachdenklichkeit, in gewissem Sinn ein Ton leisen Schmerzes beigesellte, war still und heiter. In einer Stadt, wo er sein Gewerbe weitertrieb, gab es zu malen eine feine dunkle Vorstadt mit Häuschen im Novemberabendzustand, Sorte Poesie von mehr ernster, düsterer als glänzender Art, eher Trauer und Grau als leuchtende Freude. Trauer kann aber einem Künstler eine ebenso große Freude sein wie diese selber. Ferner gab es zu malen oder skizzieren eine neblige Grube in silber-gelbem Ton, fieberisches Herbstlaub, Schönheit sozusagen des Todes, Reiz und Annehmlichkeit des Ernstes. Schon hatte der Maler Mappen voll Studien. Einmal kamen ein Herr und eine Dame zu ihm, die sich alles Geschaffene vorlegen ließen und mit großem Interesse betrachteten.

Im Winter reiste er in eine kleine, mauerumwundene, von jedweder Eisenbahn noch unberührte Landstadt, wo er den Auftrag zu erledigen hatte, einen Tanzsaal mit Wandverzierungen zu schmücken. Die Wintergegend bezauberte ihn. Ein Mensch mit flinken Beinen, nämlich sein Bruder, lief eines Tages in höchstem Eifer, d. h. im Sturm, zu ihm hin, um feststellen zu können, wie der Maler wohne und hause. Beide unternahmen sogleich eine Januarwanderung und konnten so den lieben geheimnisvollen edlen Winter wie nie zuvor kennen lernen. Zierliche Hügel samt zierlichen Bäumen waren vorsichtig mit kindheitshaft zartem Schnee überschneit. Unschuldiger und seelenvoller kann ein schöner Traum nicht sein. Zu all dem Feinen und Artigen, das umher verstreut lag, war der Himmel blau und warm, wie im Frühling, jeder Zweig und Tannenast war mit Weiß belegt und bedeckt und jedes Hausdach ebenfalls, und durch das weiße Weihnachts- und Neujahrsland schlängelten sich gelbliche und bräunliche Wege. Wärme und Kälte schienen sich zu liebkosen, wie wenn der Winter habe vergessen wollen, daß er der gestrenge Herr und Meister sei. Da und dort schauten aus dem Weiß nasse, warme, zärtliche Flecken von Wiesengrün, das, wie man sagen möchte, den Wunderglanz eines sich nach Liebe sehnenden jungen Menschenherzens besaß. Jugendglanz und -freude mitten im Winter-Alter und Ernst. Alles so säuberlich, gutherzig, tief und süß. Selbstverständlich gaben sich beide Freunde oder Brüder mit Phantasieren und Träumen ab. Als es dunkelte, kam ihnen die Welt überwältigend schön, ernst und groß vor. Sie zogen in ein stilles Dorf, die Seelen voll Melodien und kühnen Plänen.

Es wurde Frühling. Durch die Straßen ging etwas Ergreifendes, sowohl als Farbe wie als Klang, als Wind wie als Duft. Bald war's hell, bald dunkel. Abende und Nächte waren märchenhaft. Zärtlich wölbte sich der Himmel über die Erde. Frauen und Kinder machten große Augen. Frühmorgens lag noch kalter Reif auf den reizenden Matten. In einem Bauernhause auf dem Berg, nah bei der Stadt, mietete der Maler ein bescheidenes, aber entzückendes Zimmer. Dicht am traulichen, gardinengeschmückten Fenster standen Tannen. Die niedrige, bequeme Stube war so warm, so heimlich. Gebildet und gezeichnet wurde hier manches, so ein lichter Morgen und ein Waldstück. Nochmals schneite es, dann kamen die Blüten, so daß der Berg ganz rötlich und weiß, die kleinen Häuser von der Blütenpracht fast begraben wurden. Des Nachts warf der schöne gute Mond sein blasses Licht auf die schon für sich zarten weißen Bäume.

Der Maler verreiste und erkrankte. Nur wie durch ein Wunder schien er dem Elend, worin er lag, wieder zu entrinnen. Der Tod schaute ihn mit bleichem Antlitz ernst an, ging aber mit bewunderungswürdiger, nachlässiger Geste an ihm vorbei und verschonte ihn; sonderbarer Freund, den sich niemand zum Kameraden wünscht.

Leidlich wieder hergestellt, kehrte unser junger Kämpfer zurück. Auf einer waghalsigen Alpenwanderung wurden Hunger, Durst und Erschöpfung wacker überwunden. Im

Herbst sah er sich in ein artiges Hügelland, d. h. in eine anziehende nette kleine Stadt versetzt, wo er fleißig weiterstrebte. Hier entstanden ihm ein lieblich-weicher Rebberg, leicht und duftig in Form und Farbe, fast eher geträumt und erdacht als gemalt, mit wohnlichem Rebhäuschen in den Reben und ernstlichem Waldrand oben auf der Anhöhe. Weiter ein bräunlicher Holzplatz, abendlich-dunkel, angelehnt an grünen Tannenhintergrund. Ebenso eine nachdenkliche Abendaussicht hinter geisterhaft weißer, feiner Fenstergardine und manches andere. Die zeichnende Hand wurde vorsichtiger, bedächtiger. Gewisse jugendliche Müdigkeiten gaben den Bildern einen Anhauch von Resignation. Der Künstler stritt mit dem Menschen im Künstler, welcher wohl von beiden größere Rechte habe. Wo der Mensch doch auch Mensch sein und leben wollte, hätte der Künstler nur immer arbeiten, lernen und umlernen sollen. Das Leben war doch gar zu arm und streng, und wie war wieder die Natur so reich, das Land so schön. Ein Schmerz um die Kunst wie um den Menschen stellte sich ein, woraus harte Kämpfe entstanden. Bald schien die Kunst, bald wieder der Mann und Mensch verlassen und vernachlässigt. Während der Künstler zornig auf Palette und Pinsel wies und dem Manne zurief: »Schaffe!«, hielt dieser dem drängenden Künstler entgegen: »Wie kann ich schaffen, wenn ich nicht atmen und leben darf?«

Der schon in jungen Jahren mit den verschiedensten Nöten und Gefahren wacker gestritten hatte, kam eines Tages, wie aus weiter Ferne kommend, mit den Manieren eines Menschen, der große Sorge erfahren hat und der weiß, daß ihn der mühevolle Streit, gleich anhänglichem merkwürdigen Gesellen, getreulich durchs ganze Leben begleiten würde, in ein Haus.

Seine Haltung deutete auf Entschlossenheit, gelassenen Gehorsam gegenüber etwas Höherem. Ähnlich marschiert ein gedienter Soldat daher, der Proben seiner Brauchbarkeit im Felde ablegte: freundlich, weich und mutig. Wer im Kampf gestanden ist, findet Wichtigtun für seiner unwürdig. Kummer kleidet einen jungen Mann vorzüglich. Still überwundene seelische und körperliche Anstrengung spricht als eine Art Vornehmheit, ohne der Worte zu bedürfen, deutlich aus der geringsten Gebärde. Die Manieren eines Kämpfers sind ohne Zweifel immer schöner als die eines Genießers. Männlichkeit und Delikatesse, womit er sich benahm, gefielen der Hausfrau. Sie liebte ihn und brachte es nicht über sich, ihm das nicht zu zeigen.

Zur Künstlernot gesellt sich nun eine neue: Die Liebe! Mit einem Plakat, das er entwirft, verdient er einiges Geld. Auf dem blonden Haar und nachdenklichen Kopf trägt er einen armen, dummen, weichen, verdrückten, formvollendeten, freilich ein wenig wunderlichen runden lächerlichen Hut, eine Art verbogenen rostigen Kochtopf, ein Ungeheuer von Hut, der mit tiefer, hoher, phantastischer, unförmlicher, greulicher Bratpfanne mehr Ähnlichkeit hat, als scheinbar absolut notwendig ist. Doch die Frau findet den Hut und den Menschen darunter rührend schön. Welche edle, feine Frau findet einen schönen Menschen deshalb nicht noch viel schöner, weil er arm ist und schlecht gekleidet geht?

Sie lud ihn mehrfach zum Essen ein und fand himmlisch schön, daß sie ihm sozusagen hie und da zu essen geben könne. Ihm dieses und jenes Geschenk machen zu dürfen, bereitete ihr eine Wonne. »Er ist bedürftig, und dennoch erscheint er mir wertvoller als alle andern Menschen«, sagt sie sich, und unwillkürlich faltet sie die Hände, um zu beten. Liebe zu einem Menschen erzeugt Liebe zum Unendlichen. Liebende sind immer fromm und gläubig, und nur Glückliche haben einen Vater im Himmel.

Der Maler war über so viel Zärtlichkeit und Mitleid erschüttert. Indessen runzelte die Kunst, falls man sich so ausdrücken darf, unzufrieden die Stirne. Drohend neben ihm stehend, fragte sie ihn: »Und ich?« Es fragt sich in der Tat, ob Liebe und Kunst einander überhaupt zu ertragen vermögen. Nach Jahren erst, wenn aus dem Wanderer und Ringer ein reicher Meister geworden und eine notwendige Entwicklung beendet ist, könnte dies vielleicht gelungen und alle derartigen Fragen überflüssig gemacht worden sein.

Den Lernenden aber riß die Kunst gebieterisch von der Frau, die ihn liebte und die er liebte, fort in ein weiteres Bemühen, Lernen, Wagen, Suchen und Schaffen hinaus. Wie der Künstler nicht als gefühllos und hart hingestellt werden kann, wenn er Liebes abschüttelt, um den Gesetzen zu gehorchen, denen er dienen muß, so kann auch der Soldat nicht der Härte und Grausamkeit beschuldigt werden, der, indem er ohne Mitleid tut, was schrecklich ist, nur seine Pflicht und Schuldigkeit befriedigt!

Im Mai, da alles grünte und blühte, kam es zum Abschied, der sich groß und tragisch wie ein Drama gestaltete. Vergeblich klagte die Frau. Klänge und verzweifelte Gebärden, Empfindungen, Farben, Worte kamen hier vor, wie bei der schmelzenden erschütternden Oper von Mozart und wie bei einem Sonnenuntergang, wo die Sonne, bevor sie sich von der geliebten Erde trennt, dieselbe mit grandioser Zärtlichkeit überströmt und mit flammenden, brennenden Abschiedsküssen überschüttet.

Man sagt, daß die Armut ein strenger Herr sei, und das wird wahr sein. Tägliche Notdurft macht nicht viele Umstände. Manche Leute merken es am schmalen, kargen täglichen Brot ohne weiteres, von woher der Wind weht, wogegen behäbige, wohlsituierte Herrschaften auf vieles nicht zu achten brauchen, weil sie durchaus nicht nötig haben, genau aufzupassen, recht sehr empfehlenswerter Zustand immerhin. Wer arm und unbeschützt ist, spitzt ganz von selber, d. h. instinktiv, seine Ohren, und man braucht ihn nicht erst lange zu ermahnen, scharf zu spähen. Der Selbsterhaltungstrieb besorgt solches glatt und nett; kurz und gut, der junge Maler war Proletarier, und er nahm jetzt den Pinsel nur wieder fester in die Hand und setzte seine Arbeit, da es vorwärts zu kommen galt, entschlossen fort. »Das, was man so Liebe nennt«, sprach er zu sich selber, »ist sicherlich schön, doch dabei hintanstehen und behaglich verkommen, kann unmöglich schön sein und macht leider nicht den geringsten Spaß. Vorwärts jetzt! Beeilen Sie sich gefälligst ein wenig, mein sehr geehrter Herr. Wir müssen uns nun herumtummeln und arbeiten, damit wir es in der Welt, die uns so hübsch zu sein scheint, in Gottes Namen zu irgend etwas bringen. Fort jetzt mit Gefühlen, bitte freundlich. Kaltblütig nachgerade und energisch – hallo! Und nun nicht noch einige tausend Meter lang gezögert. Das verfluchte Träumen und Zaudern. Nimmt mich wunder, wer Lust haben könnte, mir Geld hiefür zu geben. Und vom Vornehmtun lebt man auch nicht lange. Also an die Arbeit, denn kräftige, muntere Arbeit soll mir in der Tat eine Erfrischung sein. Nur Arbeit ist ja eigentlich rechtes Leben, Vergnügen, innerliche Freude und Daseinslust. Man muß nur mutig hineinspringen ins scheinbar kalte Bad, das dich anfänglich schaudert, nachher aber königlich ergötzt und erquickt. Und Geld, Künstler!, ist schließlich auch nicht bloß nur so zu verachten, da sich mit Geld, wovon ich überzeugt bin, manche ungemein hübschen Sachen kaufen lassen. Ich zweifle keinen Augenblick mehr daran, daß ich wie ein Sklave und Schuft schaffen will, aber ebensowenig will ich dulden, daß mir der Spaß an der Welt, der mir sehr berechtigt vorkommt, verleidet werden soll.«

Solchermaßen ermunterte er sich, feuerte er sich an, setzte er sich in belebende Bewegung, heiterte er sich frisch auf und gewann er Mut, Sicherheit und Zuversicht. Unmerklich wurde ihm die Not selber ein wahrer, guter Freund, oder, wenn man will, eine Freundin, die ihn antrieb und mit fröhlichen, befehlshaberischen Winken vorwärts und aufwärts jagte. Indem er sein Werkzeug zur Hand nahm und gutwillig schaffte, beteiligte er sich gewissermaßen an einem Unternehmen, dessen Zustandekommen ihn lebhaft interessierte, oder an einer Aufführung, deren Bau ihn höchlich belustigte. Schaffen war ihm nun die große Freude, Tätigkeit das große Vergnügen. Freundlicher Schwung und heitere Liebe zum Leben flogen an ihn an und in ihn hinein. Er fing bald an, kleine Fröhlichkeiten so hoch zu schätzen, wie sie es verdienen, da doch das Leben schließlich aus zahlreichen kleinen Wichtigkeiten oder bedeutsamen Kleinigkeiten zusammengesetzt ist. Er gewöhnte sich zu achten, und sich anzueignen, was er bisher gering geschätzt, mithin allzuwenig beachtet hatte. Was man verachtet, das unterschätzt man. In kurzem hatte er für eine gewisse Eleganz zu sorgen verstanden, die den tätigen Menschen durchaus nicht hinderte, arbeitsam zu sein, den Arbeiter bei der Arbeit in keiner Weise störte. Dadurch, daß er seine Empfindungen bändigte und seine Einbildungen zügelte, machte er die besten Fortschritte, und indem er

sich entschlossen hatte, den Gedanken, daß er in der Welt irgend etwas wie verstoßen oder verlassen sei, ruhig aufzugeben, verlor er nur, was ihm nichts nützte, gewann dafür aber etwas Angenehmes, nämlich festen Boden unter die Füße und Vertraulichkeit unter den Leuten sowohl wie in sich selber. Insofern er harmlos unter Menschen zu treten sich nun nicht mehr scheute, bekundete er Genie, wodurch er ungeahnte Kräfte eroberte. Er sah ein, daß Absondern eine Schwäche sei. Mit solcherlei Einsicht bewaffnet, wagte er der Meinung zu sein, daß die Mädchen zu hübsch und zu liebenswürdig seien, als um Lust und Heldenmut genug zu haben, unempfänglich an ihnen vorüberzugehen. Rund um sich in der blauen, hellen Welt erblickte er mit einmal tausend offene und geheime, lebende beglückende, kleine süße Reize, und es konnte ihm unmöglich einfallen, zu glauben, daß es unrichtig oder gar sündhaft sei, redlich zu lieben, was er entdeckte. Alles, was man unter »Liebe« versteht, wurde ihm heller und lustiger, tätlicher und darum wohliger. Da er sich an das lockende Alltägliche warf und fröhlich das sogenannte Gemeine an sich riß, um es behaglich zu erleben, wie lebenslustige Menschen es zu allen Zeiten erlebten, war er wie befreit, worüber er herzlich lachte. Seine Befreiung aus jedweder Unlust verschaffte ihm die schönsten Stunden und machte ihn mehr und mehr zum Menschen unter Menschen.
Er zog in die Berge, wo er sich für eine Zeitlang in einer Bauernstube einnistete. Entzückend war das entlegene Bergdorf auf einsamer, freier Höhe. In den Bergen ist es wundervoll, wie dann und wann noch im Frühling dichter Schnee niederfällt, wodurch alles in Weltentrücktheit verwandelt wird.
Er malte dort einige kräftige Bilder, darunter sonderlich

eine dunkle Juralandschaft, genannt »Bözingenberg«, waldiger Bergabhang in Vorfrühlingsabendluft, stark und schön empfunden.

Dann ging er fort, wieder in die großen Städte, unter die vielen Menschen, wo er ehrlichen Straßenbahnschaffnern durch sein eigentümlich sinnendes Gehen und Wesen, langsame Gangart und Berghut auf dem Landschafterkopf auffiel und Staunen einflößte.

Eine Schloßparkallee wurde gemalt. Große, gelbe Kastanienblätter liegen am Boden, und andere Blätter, die noch an Ästen hängen, spiegeln sich in einer Regenwasserlache klar ab. Großer, ruhiger Ausdruck. Man kann sagen, daß das Bild einem Gesichte glich, worin sich Seele und zugleich Energie widerspiegeln.

Auch wurde ein Fenster nebst hoher Gardine und Blumentopf geschaffen, eine geistvolle und eigentümliche Arbeit voll einer schimmernden Blässe, derart, als wenn die Farben durch einen edlen Geist gesättigt seien, und so, als sei nicht so sehr der Gegenstand wie vielmehr die Seele desselben gemalt, nämlich sozusagen der Eindruck oder das dichtende, erzählende Element, wie wenn sich hinter dem Bilde irgend etwas Bedeutsames zutrüge, oder so, als führe der gemalte Gegenstand im Bilde ein durchaus selbständiges, sinnreiches, fühlendes, ereignismäßiges Leben. Die gemalten Dinge können in der Tat träumen, vor sich hin lächeln, für sich selber sprechen oder trauern.

In der Seele des Malers begann sich ein seltsames, romantisches Wesen zu entfalten, das vom Lesen, doch auch vom Leben selber herrührend, in die Malerei überging. Seine dunkeltönenden Bilder schienen durchaus seinem romantischen Fühlen zu entsprechen. Die Festigkeit der Pinselführung entsprach der Gesinnung und Haltung des gereifteren

Mannes. Was er jetzt malte, erhielt den Klang und Reiz des Sonderbaren, den Charakter des Ernsthaften, ja, falls man will, des Tiefsinnigen. Neben einem gewissen Suchenden und Fragenden, womit sie durchglänzt scheinen, lassen die Bilder einen freilich ungemein zarten, nichtsdestoweniger unumwundenen Zug von Sinnlichkeit erkennen. Etwas Sinniges drückt ihnen seinen Stempel auf. Träumen, Sinnen, Phantasieren fließen als Grün, Gold und Blau in die Malerei hinein. Er malte zum Beispiel Tannen, die wie »in Gedanken versunken« dastanden, ähnlich wie man Menschen oftmals über sich selbst Betrachtungen anstellen sehen kann. Er las mit Vorliebe Dichter, die sich völlig dem Dichten preisgaben, innerhalb der Literatur absolute Schönheiten, Jean Paul, Büchner oder Brentano, die sich weniger lebhaft wie ganz einfach nur leidend, freuend und bildend dargegeben haben, zuweilen irrende, dafür aber schöne und wahre Naturen, die durchaus nicht fehlerfrei waren, es aber auch nie und nimmer sein wollten, weil sie es nicht sein konnten. Solcherlei Lektüre war dem Maler ein tiefes Bedürfnis. Man sollte niemals »literarisch« sagen und damit etwas Ungünstiges ausgesprochen zu haben meinen. Derlei Sprüche und Schlagworte sind stets grundfalsch, weil sie entweder aus Krankheit oder aus Beschränktheit und Oberflächlichkeit stammen. Gewissen Leuten ist es glücklicherweise gänzlich unmöglich, die Dichter sowohl wie das, was sie gedichtet haben, unbeachtet zu lassen; vielmehr finden viele Menschen eine natürliche Erbauung in den Büchern, die, wie alle Kunst, erlebt werden können, wie das Leben selber. Leben und Kunst spielen wie freie Wellen nebeneinander.

Romantisch sein heißt vielleicht weiter nichts, als die Fähigkeit haben, durch die Schönheiten des Lebens und die

Größe der Welt bezaubert zu werden, Liebe für die Erscheinungen zu fühlen und neben dem Sichtbaren auch das Unsichtbare zu sehen. Innig ist jedem Künstler ein Gefühl eingegraben, daß die Menschenstärke schwach und klein im Verhältnisse zur Größe der Welt sei. Solches durchaus nicht ärmliche, sondern reiche Fühlen riß den Maler mit sanfter Macht in den Silberstrom des Daseins, in dieses goldene, dunkle Leben, in alle diese süßen Schmerzen und gedankenvollen Freuden, in diesen Himmel und in diesen verworrenheiterfüllten Abgrund, in alle schmerzlichen freundlichen Gedanken, in all dieses ineinanderwogende, duftende blitzende Wunderbare.

Außer einem »Nachtessen« malte er eine Ritterschlacht, sowie eine Frau, die aus einem Fenster in eine enge Gasse herausschaut, ferner eine Art Vorhangstück, d. h. Damenbildnis mit rotem Vorhang und einem liedersingenden Spanier, Italiener oder Anbeter in ritterlichem Kostüm. Malen und Leben hingen ihm wie ein Unzertrennliches zusammen. Seine Bilder lebten ebenso wie er, und er wie sie. Manchmal träumte er, daß er ein Bettler oder Zigeuner sei, der spielend und musizierend durch weiche Gegenden, reiche, helle Länder ziehe. Musik stand ihm nah, wie etwas ihm Ähnliches oder Verwandtes; sie zog sich wie eine liebe anmutige Fee tönend durch all sein Malen. Dann und wann empfing er ein keckes Mädchen zu Besuch. Freilich bestand sein Atelier nur in einem schmalen Zimmer im Hintergäßchen bei einer Wäscherin, zu oberst, immerhin im blauen Himmel, d. h. vierten Stockwerk, wo sich mitunter auch ein brauner Bursch, eine Sorte Waldläufer oder Waldvagant, einstellte, um auf einer Handharfe allerlei Volksstücke zu spielen, die immer tief tönen, wie das Leben und unerschöpflich sind, wie das Meer oder wie eines Märchen-

königs Schatzkammer. Die Handharfe spiegelt das Fühlen und Sehnen des einfachen Mannes aus dem Volke vortrefflich ab. Eine Klage, aber auch ein fröhliches Hinnehmen alles Unabänderlichen liegen in genanntem Instrument.
Weiter malte hier der Maler eine hellgrüne, nasse Frühlings- und Regenbogenlandschaft. Ein Liebespaar spaziert in ein artiges, anzügliches Wäldchen hinein. In einiger Entfernung liegt ein rundlicher See, der blau wie Porzellan ist. Schwäne schwimmen auf dem klaren Wasser; in der Luft fliegen als Sinnbild der Freiheit und Schönheit Schwalben und neben fernen, zarten Wäldern erhebt sich eine schlanke Ritterburg. Der Himmel hat den Freudenglanz der Musik und den süßen Klang des Sehnens nach etwas Ungewissem.
Ein anderes Bild aus diesem Zimmer und Jahrgang ist das Zimmer selber, d. h. dessen breites offenes Fenster mit Aussicht auf allerlei altertümliche freundliche Dächer. Telegraphendrähte sind fein und scharf durch die Luft gespannt. Aus einem Guckfensterchen schaut und guckt ein neugieriger Kopf heraus, womöglich ein armer Dachstubendichter, der sich so aufrichtig nach Dichterruhm und schönen Frauen sehnt, wie gewiß nur er selber oder wie ich weiß nicht wer. In einem gegenüberliegenden Raum oder garnierten Gemach sitzt eine anscheinend ungewöhnlich heitere Gesellschaft von lustig durcheinandergewirbelten Leuten wirr beisammen. Ein krauser Kerl spielt in die warme Abendwelt hinaus auf der Mandoline. Dicht über den gemütlichen Hausdächern steht der liebliche Frühjahrsberg, prangend mit Tannen-, Apfelbaum- und grünen Buchenstücken, allerliebster enger, schmaler, runder, kinderantlitzhafter Waldwiese, auf der ein schmuckes, winziges Land- und Berghaus sitzt und steht. Wieder sind hier

Schwalben in der gelinde säuselnden Luft. Man glaubt sie scharwenzieren hören zu können. Auf des Malerzimmers Fensterbrett sieht, wer Augen hat zu sehen, ein Glas Wasser mit Veilchen, die uns, wie wir sagen möchten, aus dem Bilde ordentlich anduften, so, als wenn der Duft mitgemalt worden sei.

»Aussicht auf die Alpen« nennt sich ein weiteres Bild, das die Schönheit des schneebedeckten Hochgebirges in jedem Sinne anschaulich und reizvoll behandelt. Das bescheidene, doch reiche Bild besitzt etwas Geisterhaftes, Fabelhaftes, Innerliches. Das Heldenhafte der Schneeberge, deren hoher Schwung und herrliche Bewegung bei allem Graziösen einem aus Heldenzeiten stammenden Liede gleichen, die scharfen und doch wieder weichen Linien ihrer Gipfel; dies und ähnliches ist hier denkbar eigenartig, sehr mit der Liebe sowohl zu all dem Schönen wie außerordentlich wirksam zum Ausdruck gebracht und in die Grenzen der Darstellung gebannt worden. Mitten im prächtigen Bilde liegt unter Tannen wieder einmal leider Gottes, wie es scheint, so ein Strick und Tagedieb von träumendem, faulenzendem Monsieur Faulpelz. Reizend ist angedeutet, wie die Natur in ihrer Ruhe ihr schönstes Schöne darbietet, was alles jedoch vom jungen Menschen auf dem Grasboden weiter durchaus nicht beachtet wird. Muß das ein träger Kerl sein! Ist es etwa ein Dichter? Hoffentlich doch nicht. Wahrhaft großer Glanz ruht auf dem Bilde.

In diesen und einigen andern Bildern dürften insofern Seele, starkes Wollen und Glühen, bedeutender geistiger Gehalt, entschiedene Vornehmheit in Behandlung und Auffassung und wahres Künstlerschaffen liegen, als Kraft und Können hier durchaus nicht vor dem Naturbild saßen, um in Gemächlichkeit und aller behaglich-bequemlichen

Unbestürmtheit rasch irgend etwas Günstiges hineinzumalen. Nein! Er riß das Schöne, das er da und dort schauen mochte, wie der Liebende das Geliebte, feurig in sich hinein und trug es als Eingeprägtes, Eingedrungenes im treulich aufbewahrenden Innern, in echter Künstlerleidenschaft sorgsam heim in die enge, stille Stube, um aus Kopf und Herz heraus, werktätiger Einbildung voll, gleich einem Krieger, der sich kühn in die Gefahr hinaus wagt, nach einem vielleicht längst Geschauten, mutig zu komponieren. Er malte im echten Sinne Bilder, d. h., er schilderte und bildete in der Tat und zeigte sich hierin romantisch. Nur eine starke, tapfere Seele wagt solcher Art im Spiel des frei aus dem Innern herausdrängenden Ergusses zu schaffen.
Er reiste in die Hauptstadt und blieb daselbst. Vornehmlich waren es Existenzsorgen, die ihn in die Stadt trieben, wo viele monotone Straßen sind, und viele Menschen, die jene grauen, langen, blanken Straßen bevölkern. Er lernte die Reize sowohl wie die Eintönigkeiten, die Zerstreuungen sowohl wie die Traurigkeiten und Nachdenklichkeiten der großen Stadt in jedem Sinne kennen. Seine besten Gedanken blieben bei der Malerei. Illusionen, zarte, schöne Träume und eine edle, kräftige, unverwüstliche Liebe zur Welt begleiteten seine Schritte und blieben ihm stets gute Kameraden. Sonnenauf- und untergangsgleiche Erinnerungen umschwebten ihn. Künstlerische Freuden und Schmerzen vermischten sich mit dem Genuß weiblicher Reize, wie überhaupt großstädtischen Lebens. Um eines Seelenadels, feinen Seelenschmerzes und um der Menschenliebe willen, die er ihnen offenbarte, liebten ihn die Frauen. Daß er sich vorteilhaft zu kleiden wußte, versteht sich von selbst. Die Eleganz, die er zur Schau trug, entsprach der Gelassenheit, womit er sich bewegte. Sein Betragen war still und schön.

Etwas Nachlässiges und Großes konnte an ihm beobachtet werden. Wer ihn sah, mußte ihn für herzlich gut halten. Wenn er so einher ging, schaute er wie der Menschenfreund selber aus, weshalb es vorkam, daß kleine Kinder, die im Kinderwagen spazieren geführt wurden, ihm unvermittelt ihr Händchen darstreckten und ihn anlächelten, als wenn er sie liebkosen solle. Die Gedanken, die er stets mit sich trug, gaben ihm dieses väterliche und mütterliche, weiche, sanfte, vertrauengewinnende Aussehen, denn es wird wohl so und nicht anders sein, daß wahrscheinlich unsere Gedanken uns nicht aufblähen, sondern niederbeugen, Stolz und Hochmut mit ihrem Gewicht erdrücken. Nur gedankenarme Leute sind imstande, sich groß vorzukommen. Meist ging er schwarz und ernst gekleidet wie der »düstere Brentano«, eine Bemerkung, die Verwunderung erregt, da sie ganz und gar nicht hierher paßt. Am Maler war absolut nichts düsteres, im Gegenteil, etwas Nachgiebiges und viel Liebes war an ihm. Den Frauen widmete er soviel Zeit und merklich gute Meinung, daß sie ihm für seine Großherzigkeit und zärtliche Anteilnahme dankbar sein mußten. Gar manchem Mädchen, das weder sonderlich guten Ruf noch Reichtum, Ansehen und Stellung, noch berühmten Namen besaß, bereitete er Stunden des Genusses und des aufrichtigen Entzückens, womit er schließlich sich selbst nur immer wieder beglückte. Was kann uns glücklicher machen als das Glück, das wir andern schenken? Können wir auf dieser engen, armen, mannigfaltig gefesselten Welt seliger sein, als wenn wir durch Fähigkeiten, die wir besitzen, andere selig machen? Was stimmt uns zufriedener, als unsere Mitmenschen zufrieden zu stellen?

Derart lebte und liebte er. Sein zartes, sanftes Feuer, sein freundliches, geheimes Glühen trug er still in sich fort durch blasse, regnerische, glänzende Straßen, die abends entzückend schön sein konnten. Er sah in den Straßen des kindlich-schönen Frühlings himmlisches, unschuldiges Lächeln und malte dieses süße Lächeln, dieses Hoffen und Sehnen. Er sah den kühlen, fröhlichen Herbst in den Straßen, den Schnee in ebendenselben. Er sah es in dichten Flocken auf Straßen und Menschen herabschneien und malte dieses feine, träumerische Schneien. Er sah die Blumenverkäuferin, den Blumenladen, und all die andern Schaufenster und malte, was er sah. Malen ist ein stilles, hartes, wortloses Geschäft, das auf unermüdlicher Treue beruht. In die Farben fließen die Gedanken, wie in das Malen alles Wesen fließt. Er sah die Nächte mit den Laternen in den Straßen und malte sie. Sein Zimmer wußte nach und nach viel von bangem Harren, geduldigem Erwarten und Ertragen zu erzählen. Festigkeit und Ausharren sind zwei harte, bedeutungsvolle, böse und doch wieder gute, liebe und schöne Worte. Hinter abendlichem, grünlichem Blättergewirr sah er rötliches Laternenlicht wie glühende Augen aus buschigen Augenbrauen hervorschimmern. Er sah die Zierlichkeit von ältlichen Palästen und die vornehme, stolze Melancholie ehemals fürstlicher, verwahrloster Gärten. Er selber glich dem Abenteurer, der stets ein seltenes, seltsames Menschenexemplar ist, der, weil es ihm keineswegs um Auffälligkeit, sondern immer nur um den Strom des Erlebens zu tun sein kann, so wenig Geräusch zu machen liebt wie möglich. Mensch sein heißt, hin und her sehen und suchen und still dabei bleiben. Immer suchte er, schien bald arm, bald reich, kam sich bald enttäuscht, bald befriedigt vor. Dicht vor dem Spähenden und Suchenden ging als große, nebelhafte Geistererscheinung, als hohe Gestalt in wildumhergeschütteltem Haar und langem, weißlichem Gewand gleichsam das Abenteuer selber einher, dem er mit ruhigen, langsamen Schritten bedächtig nachging, um zu sehen und zu erfahren, was es wolle, was es ihm bedeute.

Unter verschiedenem anderem zeichnete er einen armen Mann, der mantelumhüllt in bleicher Einöde, d. h. auf kalter, höchst hoffnungsarmer, sichtlich in alle Winde und alle Unerbittlichkeit hinausgeworfenen Kugel oder Erdkugel steht, die tatsächlich verloren, verworfen zu sein scheint. In wüstenhafter Einsamkeit stehend, zieht der Mann kläglich die Achseln zusammen, woran man merkt, daß er auf elendiglichem, leidigem Posten erbärmlich friert. Die Hände stecken in den Hosentaschen, der Kopf ist tief gebeugt, aber seine Haltung deutet auf den festen Entschluß, alles was kommen und ihn beklemmen mag, tapfer auszuhalten und alles Unangenehme ruhig über sich gehen zu lassen.

Ein Bild aus dieser Zeit stellt einen jungen Menschen auf menschenleerer, mitternächtlich-stiller Straße dar, die, wie man sich einbildet, weich eingeschneit ist. Am mondhellen, hohen Himmel sind Sterne und Wolken; die Straße hat ein sichtlich hauptstädtisch-elegantes Gepräge; der junge Mann schaut zu einem Fenster hinauf, das als einziges noch Licht hat, während alle übrigen Fenster fahl und dunkel sind. Dort drinnen, in unbekannter Räumlichkeit, wacht und träumt vielleicht jemand, der ihn wertschätzen wollen würde, ihn, der hier unten in der Straße steht, und zum zarten Leuchten, zu dem Stückchen Helligkeit, zum Trost- und Lichtpunkt, zum bißchen Lebenshoffnung und kleinen Freuden-Anlaß emporschaut, weil er sich inmitten menschenreicher, großer Stadt, unter deren Einwohnern er einsam ist, nach Licht, nach Verständnis, nach Brüderlichkeit und Herzlichkeit, nach Vertrauen, liebenswertem Umgang, mit einem einzigen Wort, nach einem Menschen sehnt.

Die Abende liebte er, deren Licht, indem es zu sterben scheint, immer schöner wird, bis es zuletzt ins Dunkel fällt und verschwindet. Ihm schienen die Abende in ihrer Schönheit verwandt mit ihm zu sein; sie schienen es mit ihrem Glanz und Geisterwesen besonders gut mit ihm zu meinen, es war ihm, als litten oder klagten sie mit ihm und lebten in ähnlichem Schmerz und ähnlicher Freude, wie in einem geheimen Einverständnis mit ihm. Die Nächte waren ihm wie gute, liebe Freunde.

Im Übrigen bestand seine Gesellschaft aus einigen fröhlichen, muntern Kumpanen, gutmütigen, wilden, jungen Leuten, die keinerlei Anspruch erhoben haben wollten, als recht viel Lebhaftigkeit, Witz und Scherz zum lustigen Gelage. Die ihr Tieferes für sich zu behalten wissen, sind allem Anschein nach immer die besten Kameraden. Der Maler fand sich in derlei heiterem Verkehr durchaus wohl aufgehoben. Einer der jungen Männer verstand sehr schön und klug Chopin zu spielen, eine Musik, die perlengleich mit Leidenschaften scherzt und in herrlicher Leichtigkeit mit Abgründen tändelt und gaukelt. Am heiteren wie schmerzlichen, immer aber in jedem Sinne graziösen Wellenspiel von solcherlei Tönen berauschte sich der Maler.

Für verschollene, aus entschwundenen Zeiten stammende Dinge, Gegenstände, wie alte Leuchter, Tische, Schränke, Stühle, Spiegel, Tabakdosen, Nippsachen, Rahmen, wie überhaupt für jederlei altes Geräte, zum Beispiel schöne, einstige Handarbeiten, entwickelte er viel Liebe und feines Verständnis. Derartigen Dingen jagte er wie ein eifriger und kundiger Jäger nach und trat daher öfters in drollige,

unordentliche Antiquitätenläden herein, um dieses und jenes Stück, das ihn besonders interessieren mochte, einzuhandeln. An des Malers Türe klopfte von Woche zu Woche, sich jeweilen mit der einschmeichelnden Redensart: »Ihr Diener, Ihr Diener!« gehorsam empfehlend, ein wunderlicher, alter Mann an, um allerhand Kupferstiche und sonstige mehr oder weniger beachtenswerte Blätter in die Wohnung hineinzutragen und vor dem Künstler gemächlich auszubreiten. Der Mann erhielt mit der Zeit, Kürze und Vergnüglichkeit halber, den Namen »Diener«.
Es entstand ein Bild, »Der Wald«. Über ruhigen, von Silberlicht umleuchteten Tannenspitzen glänzt ein merkwürdig fraghafter, ernster Halbmond. Der Himmel schwimmt in beinahe düsterem Abendrot, das mit Gelb vermischt ist.
Ferner wurde ein auf moosgeschmücktem Felsblock sitzender Dichter in Phantasiekleidung gemalt. Rings herum liegt grüner Wald. Auf säuberlichem Wege geht ein Liebespaar sachte in die abwärts führende, allmähliche Entfernung.
Außerdem ist ein Bild zu nennen, »Der Traum«, eine Art Nacht- und Brückenstück, worin Gas oder elektrische Lampen seltsam wirken. Ein weiteres kleines Nacht-, vielmehr Abendbild stellt eine weißgekleidete Frau dar, die auf zierlichem, sozusagen spanischem Balkon steht. Sie trägt ein Hündchen auf dem Arm. Dicht unter der hellen Gestalt breitet sich im Zauber der abendlichen Dunkelheit, schönes, glänzendgrünes Fliedergebüsch aus. Auch sieht man vom sinkenden Lichte golden angehauchte, hohe Dächer einer modernen Straße.
Eine zarte Bleistiftzeichnung, genannt »Die Kranke«, will erwähnt sein, zudem ein Blatt, »Das Lebewohl«, wo in gespensterhafter Darstellung winkende, deutende Hände aus grenzenlosem Luftgebiet herabhängen, als wenn das

Diesseits dem Jenseits, ein Unendliches dem andern, zwei Unbegriffenheiten einander Lebewohl sagen sollten.
Einmal begleitete der Maler eine schöne Frau vor die Stadt hinaus. Indem sie ihn aufmerksam anschaute, fragte sie ihn, ob sie ihn für edel halten dürfe. Im Wald regnete es leise. Wie lieb, wie süß ist solcher Regen. Bei solchem zarten Sommerregenwetter schwellen Herzen auf wie Knospen. Auf die Frage, die soeben an ihn gerichtet worden war, lächelte der Maler. Das Lächeln war schön. Für eine Unterhaltung zarter Art bedeutet solch artiges, behutsames Lächeln weit mehr als manche feinsten Worte. »Ja, ich glaube, daß Sie edel sind«, sagte sie und beantwortete somit ihre Frage selber. Bei einem kleinen runden See, in dessen stillem, grauen Wasser sich alles Umliegende weich wiederspiegelte, blieben sie stehen, um sich zu küssen.
Noch wollte manche mühsame und eintönige Stunde überwunden sein. Er schrieb und erhielt Briefe. Fleißig arbeitete er weiter. Mit seinen Bildern schmückte er die Wände seines bescheidenen Zimmers, wo dann der launenhafte Gott Erfolg, d. h. ein Herr, ihn aufsuchte, dem es gefiel, ihm über seine Kunst allerlei Verbindliches und Artiges zu sagen, ihn bei der Hand zu nehmen und in die Welt zu führen, die die Welt bedeutet. Nun kam ein Erfolg nach dem andern; eine Anerkennung flog dicht hinter der andern herbei. Es glich einem Rausch, einem Traum. Über Nacht wie zum Liebling erhoben worden, erhielt er zahlreiche, schmeichelhafte Aufträge, die seiner Schaffenslust völlig neue Wege öffneten. Die Schwierigkeiten, die sich ihm entgegenstellten, verstand er kräftig zu bewältigen. Bald sah er sich inmitten blendender Gesellschaften, wo er durch ruhige Manieren und kluge wie angenehme Aufführung die beste Figur machte. Jeder, der ihn zu Gesicht bekam, fühlte sogleich,

daß er eine vielfach erprobte Herzhaftigkeit besitze. Überstandene, harte Proben kleiden vortrefflich und sehen bei jederlei Gelegenheit schön aus. Wo immer er auftrat, wußte er sich auf freundliche Art Geltung zu verschaffen. Er sah den Glanz und das elegante Getümmel im Theater. Die Tätigkeit, wozu er aufgemuntert wurde, machte ihn glücklich.

Reisebericht

Wie du, lieber Freund, mir schreibst, hattest du das Vergnügen, durch Gegenden zu laufen, die deinen Schönheitssinn, wenn nicht geradezu verletzten, so doch vermutlich nur in geringem Grade zufrieden stellten. Ich hingegen bin imstande, dir mitzuteilen, daß mich eine Fußreise, die ich ausgeführt habe, durch das denkbar schönste, grüne Bergland führte.

Während du auf deiner Wanderung allerlei Rokokoschlösser und Gärten angetroffen zu haben scheinst, sah ich auf der meinigen Felsen sowohl wie Gräser, Kräuter und Blumen, hochgelegene, grüne Weiden sowohl wie Kühe und einsame, liebliche Bauernhäuser darauf und Wälder voll Buchen und Tannen sowohl wie Städte voller Paläste.

Die Felsen, mein Lieber, schimmerten im hellen Sommermorgenlicht, von dem frischen Himmelsblau umgeben, oftmals wie weißes Papier. Anmutig lagen hie und da Felsstücke im Grün der Matte verstreut, was mir, wie ich dir ruhig sagen kann, reizend genug vorkam; wie es mir überhaupt im großen Naturgemälde oder weitumhergebreiteten lebendigen Weltbild, durch das ich als schwärmender Wanderer und wandernder Landschaftsschwärmer froh dahinmarschierte, an Einzelköstlichkeiten und herrlichen, wenn nicht sogar göttlich schönen Seltenheiten und Sonderheiten keineswegs zu fehlen schien.

Mit recht erheblichem, sehens- wie nennenswertem Stück Jurakäse in der Tasche lief ich früh morgens aus dem Kloster, worin ich, wie du weißt, derzeit vorübergehend wohne, munter weg, um über die Berge nach S... zu laufen. Was zwischen dem Abgangsort oder Ausgangspunkt und dem Reise- oder Schaffensziel liegt, waren erstens Berge, zweitens wieder Berge und drittens nochmals Berge. Immer lief ich bergab und bergauf, fiel bald in eine

Schlucht oder Abgrund oder Tal hinab, um so bald wie möglich, d. h. unmittelbar nachher, wieder aufwärts in den Himmel oder doch mindestens erstaunlich steil und hoch hinaufzuklettern. Ich hatte es mit fortwährendem Herabsinken und Hinaufsteigen, wüstem, wildem, haltlosem Hinunterfallen und -stürzen und wieder Hochemporstreben, mit Klimmen, Klettern, mich an Ästen festhalten, Rutschen über Geröll herab und einem Rock- und Hemdkragen-Abziehen zu tun, weil es mir in der Beengung einklemmender Kleider, wie du leicht begreifst, wesentlich zu heiß, zu schwül und deswegen nachgerade zu dumm wurde.

Meinen ehemals wahrscheinlich eleganten, jetzt aber offenbar abgeschabten, alten, verbrauchten, ziemlich schäbigen Handwerksburschen- und Reichshauptstadthut trug ich lieber in der Hand als oben auf dem Kopf. Derart lief und flog ich, und am meergleichen, blauen Himmel, der sich über meinem vom Laufen rostbraunen, sonnverbrannten, braungebratenen Gesicht wie eine heiter schwebende und schwimmende Seeligkeit ausbreitete, flogen und segelten gleich Luftschiffen oder Meerschiffen weiche, große, weiße Wolken.

Heiß wars, und das viele Laufen war äußerst mühsam, doch, o großer Gott, wie schön war dabei die Welt! Wie schön ist Reisen zu Fuß, mein Allerbester.

Laß mich ein wenig Atem holen und im Schildern, Malen und Schreiben eine kleine Erholungspause machen.

Mit ihren hellen, frohen Farben tönten Erde und Himmel wie die Stimmen eines lieben, süßen Volksliedes, anmutigen Kunstgesanges oder glücklichen Konzertes. Beiderlei Elemente, Festes wie Zitterndes und Fließendes, hingen so innig wie zwei Liebende zusammen, die, indem sie einander so eng wie möglich umschlingen und in unaussprechlichem

Vergnügen liebkosen und küssen, sich in ein gemeinsames, trunkenes Entzücken auflösen, wodurch sie sich ohne Frage gegenseitig beseligen und namenlos glücklich machen. Blau und Grün und Weiß und zartes, verschwommenes Gold gaben sich als ein einziges zusammenhängendes Schönes, waren Kuß und Wonne und Umarmung, alles in allem, in jedem Sinne. Du siehst, daß ich schwärme. Ich erlaube mir jedoch der Meinung zu sein, daß ich mich schämen müßte, so viel Schönes, Gutes, Reines und Holdes gesehen und dabei nicht einmal geschwärmt, geschwelgt oder vor Lust fast den Verstand verloren zu haben.

Wie ich mich erinnere, stieß ich von Zeit zu Zeit, wie wenn ich ein kleiner, dummer Junge oder ein nicht mehr ganz Gescheiter gewesen wäre, leise Jubelschreie aus, die ebensogut laut als leise geklungen haben können. Zum Glück stand ich jedoch in keinerlei Salon, wo dergleichen törichte Aufführung hätte lächerlich sein müssen, sondern lebte, stand, ging, atmete und trabte vielmehr auf freier, heiterer, schöner, fröhlicher, grüner, sonniger, unabhängiger und schrankenlos wonniger Weide oder Wiese, demnach in einer Gegend, wo weit und breit keiner war, der irgend ein Interesse hätte haben können, mir auf das Benehmen zu gucken und sich gefragt haben würde, ob dasselbe ein gutes und salonfähiges oder ein unfeines und schlechtes Benehmen gewesen sei. Indem ich so davonlief, war es mir wahrhaftig eher um einen tüchtigen Gump und Luftsprung als um hochvornehmes, vorbildliches Betragen zu tun, das ja an und für sich, wie mir scheinen will, keineswegs übertrieben viel Wert hat, weil es ganz und gar nicht schafft und arbeitet. Leben und Schaffen, etwas Schweres vor sich her wälzen, Lüpfen, Reiben, Kneten, Hämmern, Stoßen und Ziehen, dann und wann meinetwegen auch einmal gehörig in den Tag hineinfaulenzen, ja, solches und ähnliches will ich mir gern gefallen lassen, hierbei solls mir wohl sein, aber mit vortrefflichen Manieren, die aus einem redlichen, tatkräftigen, wackern Mann einen Esel, Gimpel, Einfaltspinsel machen möchten, mag und will ich mich nicht abgeben. Unnützes Getue, überflüssiges, windiges, fahles, schales, kahles, faules, müßiges, exzellentes, hochachtungsvolles Gerede kann mir jederzeit gestohlen sein; ich frage dem Zeug wenig oder absolut nichts nach.

Entschuldige, lieber Freund, die tollkühne, mancherorts vielleicht Entsetzen erregende Entgleisung und schwatzhafte Abschwenkung, und laß dich ersuchen, die Gewogenheit haben zu wollen, mir gütigst zu gestatten, dir bekannt zu geben, daß ich, indessen ich derart emsig, d. h. gemsbockhaft, ins Helle und Blaue und Grüne hinausmarschierte, nachgerade begreiflicherweise etlichen, d. h. erklecklichen, etwelchen, durchaus stattlichen, gewaltigen, heidenmäßigen, also ganz und gar nicht geringen, sondern recht sehr großen, tüchtigen Durst litt, daß ich aber ganz froh war, nicht nur in einemfort genießen und vor Spaß schier umkommen zu müssen, sondern auch ein wenig mit Leiden, Strapazen und Entbehrungen zu kämpfen haben zu dürfen. Genußreiche Wanderungen sollen mit Portionen Mißhelligkeit und Anstrengung verknüpft sein. Was uns angenehm berührt, könnte, wenn Unannehmlichkeiten es nicht da und dort durchwürzen würden, leicht unangenehm, d. h. langweilig werden, was ja schade wäre, nicht wahr.

Blitzendes Luftmeer, bezaubernder, frischer Wind, der schmeichelnd mir ins Gesicht und über den Bergrücken strich, lachende, entzückende Aussichten, liebe Freiheitsbäume, aber nicht revolutionäre, theatralische, sondern naturhafte, erdwüchsige und ganz vernünftige, die aufs Angenehmste in der Bergluft säuselten, daß man sich über ihren fröhlichen, herzgewinnenden Anblick schon von weitem freuen durfte, friedlich grasende Tiere mit idyllisch läutenden Glocken am Halse, Friede, Freude und Freiheit, Wohlklang und Schönheit, Bewegung und Gesundheit, näher und ferner gelegene Sennhütten, Vogelgezwitscher und dunkel- oder hellgrüner Wald, Klänge, Düfte und Farben, Menschliches vermischt, verflochten mit Göttlichem, all das verständliche Einzelne und Kleine, und wieder das unfaßbare Gewaltige, Allgemeine: Darf ich dich fragen, ob ich etwa nicht Grund hatte, mich getragen, gehoben und im allerbesten Sinne befriedigt und beglückt zu fühlen?

An hübschem Ruheplätzchen unter hoher Tanne angelangt warf ich mich auf den Moosboden, zog den verborgenen Schatz, nämlich den saftigsten aller Käse, aus der Schatzkammer, Truhe oder Rocktasche ans Tageslicht hervor, was mir bestens glückte, worauf ich aß und frühstückte, indem ich es mir schmecken ließ, wie es sich entweder regierende Grafen oder Menschen schmecken lassen, die aufrichtigen Hunger, mithin denkbar ernsthaften Appetit haben.

Von einem Uhrmacherdorf, das ich sah, will ich weiter kein großes Wesen machen, obschon der Anblick genügend hübsch war. Vor die Augen trat mir dann ein Dorf, das in seinem Tale lag, ähnlich wie ein Traum, der im andern Traum, oder wie der Gedanke, der im andern Gedanken schlummert. Gibst du mir recht, wenn ich sage, daß etwas Schönes und Gutes nie allein sei, ebenso wenig wie etwas Schlechtes und Unheilvolles? Sind nicht alle Dinge ineinander verstrickt, verbunden, verworren? Was sind die Erscheinungen anderes als eine Kette, und was könnte die

Welt anderes sein, als ein Verhängnis? Oh! da philosophiere ich, was ich lieber unterlassen haben möchte, da mir dies durchaus nicht zur heiteren, kecken Reisebeschreibung zu passen scheint, womit ich den, der sie liest, mehr unterhalten und belustigen als ängstlich stimmen und nachdenklich machen will.

Wäre ich Zeichner oder Maler, so hätte ich auf dem Wege sicher allerhand abgebildet, um es als Skizze und reizende bleibende Erinnerung mit nach Hause zu nehmen, zum Beispiel ein Gehöft, ein altes, bröckelndes Mauerstück, weidendes Vieh, einen Landmann, eine Dorfansicht mit Kirchturm, einen Weg, der sich in einen Wald zierlich schlängelt, eine Bäuerin, einen Acker oder vielleicht nur eine einzelne Blume, ein Blatt, einen Käfer, einen Schmetterling, ein Huhn im Hühnerhof, eine hoch aufragende Felsenpartie in blendend heller Sonne schimmernd, eine Tanne, eine Buche, eine Holzhütte oder eine Ruine, einen Bach, ein blühendes Gebüsch voll Gestrüpp und Vögleingezwitscher, wobei zu bedenken und gestehen wäre, daß es mir wohl schwerlich gelänge, das himmlische liebe Singen, Summen und Girren zeichnerisch wiederzugeben. Alles, was ich sah, war so schön und sehenswert, daß ich mich meistens gar nicht satt daran zu schauen vermochte. Hingegen bekam ich rasch genug satt, daß mich auf freundlicher Dorfstraße vier wütende Hunde äußerst frech und lieblos anbellten. »Keinesfalls will ich ihnen übelnehmen, daß sie grundlos ergrimmt sind, denn ich nehme ja an, daß zarterer Verstand und feinere Veranlagung ihnen völlig fern liegen«, dachte ich, zog aber vorsichtshalber immerhin das Bein ein, da ich mir bereits wie am Bein gepackt vorkam, ging weiter und kam bald hernach zu einem unter prächtigen Tannen gelegenen Brunnen, daran ich allen bisher treulich zusammengesparten, sorgsam angesammelten Durst nach Wohlgefallen, Gutdünken und Belieben löschen und aus Herzenslust austilgen konnte.

Herrlich ist es, auf beschwerlichen Märschen an solch kühlen Ort zu kommen, wo alles Heiße und Vertrocknete in frischem Wasser gebadet, Kopf und Brust mit neuem Mut und gänzlich neuer Kraft überschüttet werden können.

Oh, wenn du doch oben auf dem Gipfel des Gebirges mit dabei gewesen wärest, wohin ich nach einigen Ruhepausen und mit Zusammenraffen aller disponiblen Kräfte gelangte. Wunderbar in der Tat ist es dort oben. Der Himmel glich einem feurig-blau daherfließenden Strom oder Meer, es wehte mich aus Westen ein so unverschämter, will sagen, rauher Wind an, daß meine Hände im Nu blau anliefen. Herrlich, so sage und wiederhole ich, ist es auf den Felsenkanten, von wo aus man in die Ferne und Tiefe schauen kann, die von überwältigender Schönheit sind. Berge sind wild und zugleich heiter wie Könige, und wer auf einer Berghöhe steht, kann sich federleicht, d. h. fast wie von selber als König vorkommen. Ich jedoch stand zu allernächst weniger wie ein Fürst und Feldherr da, sondern sank vielmehr wie ein armer Kerl höchst ermüdet auf den grünen Boden, damit die zerbrochenen Kräfte sich allmählich wieder zusammenfinden könnten. Über den Bergrücken legte sich eine mit fabelhafter Geschwindigkeit daher zu schleichen gekommene mächtige Wolke, die augenblicklich alle soeben noch sichtbar gewesenen hellen Gebilde derart einhüllte, daß alles brandschwarz vor den Augen war und ich keine handbreit mehr um mich wahrzunehmen vermochte. Aber ebenso schnell wie es sich verdunkelt hatte, wurde alles wieder hell und klar und freundlich. Unten im Abgrunde dehnte sich in zarten lichten Farben wie auseinandergezogenes Kinderspielzeug, zierlich, doch wieder unendlich groß, die Ebene mit ihren Flüssen, Wäldern, Hügeln, Feldern, Seen und Ortschaften majestätisch aus. Die entzückende, leicht durchzitterte, grünliche, weißliche und rötliche Ferne glich einer weggeworfenen gigantischen Rose. Der stille Mittag ähnelte einer geheimnisvollen weißen Mitternacht. Alle Weiden lagen verträumt, versonnen, da wie Gedichte, worin von Bergeinsamkeit die Rede sein mag, und nah und fern standen alle Berge stumm und schön herum, wie ehrfurchtsgebietende, riesenhafte Gestalten aus sagenreicher, schauervoller Geschichte. Ich bitte dich, dir die Pracht, die Lust, vor allem die herrlich-kalte Bergluft vorzustellen, die einzuatmen ein Glück ist. Stelle dir eine weitausgedehnte, grüne, kühne Platte vor, die in Freiheit und Schönheit schwebend, wundervoll in die Tiefe stürzt und deren Kante oberster Rand und Grat an ein Ungewitter mahnt, wodurch derartiger phänomenaler Schwung, solches reizende Gemisch von Zartheit und Wildheit einstmals heraufbeschworen worden sei. Alles dies besitzt in der Tat in seiner Linierung etwas sowohl in höchstem Grad Elegantes, wie gewiß auch Schreckeinflößendes, Dämonisches. Man kann glauben, daß hier Graziöses mit Ungetümen sonderbar verbunden ist.

Nachdem ich mich erholt hatte, begann ich den Berg herunter zu tanzen, wobei es mich nur so nahm und mitriß, abwärts warf und schleuderte, ungemein barsch anpackte und ohne mich lange zu fragen, ob ich einverstanden sei, in den Absturz hinunterstieß, bis ich in einen von der Sonnenglut gänzlich verbrannten Wald gelangte. Mein Gesicht glühte, brannte. Ich fühlte mich berechtigt, mir einzubilden, daß ich in irgendeiner Art oder Abart Spanien oder mitten in Zentralamerika sei. Sollte ich tatsächlich nötig haben, ins Ausland zu fahren und die Welt zu umreisen? Das allzeit lebhafte Spiel meiner Phantasie vermag mir weit mehr zu bieten. Einbildungskraft und unangekränkelter Gedanke scheinen mir größer als die Erde und führen viel weiter in alles Geheimnisvolle und Wundervolle hinaus, als Eisenbahn und Luxusdampfer, wo der Reisende sich leicht langweilt, weil er sich nur wieder mit Banalitäten, hausbackenen übrigen Reisenden, faden Gesprächen, statt mit hohen und unglaublich schönen Dingen beschäftigt sieht.

Mir fällt ein, daß ich beim Schreiten über blumige Bergmatten die schönste Gelegenheit gehabt hätte, den zierlichsten Blumenstrauß zu pflücken. Ehe jedoch die Blumen in den Topf mit Wasser gelangt wären, würden sie den Tauglanz, die entzückende Frische, somit alle ihre Zier vermutlich völlig verloren haben, weshalb ich auf das Vorhaben zu meinem Leidwesen verzichtete.

Zu des Giganten, d. h. Berges Füßen kam ich, indem ich meine Wanderung fortsetzte, in ein so heißes, blendend helles, feuriges, an allen Ecken brennendes Dorf hinein, wie ich den Fuß mein Lebtag noch in keines gesetzt hatte. Das Dorf brannte zwar durchaus nicht buchstäblich; immerhin glühte eine prächtige spanisch-mexikanische Sonne darin. Die Grasebene glühte, alle Häuser schienen wie im weißen Flammenmeer zu lodern, über die Felder wehte brennend heißer und doch wieder kühler Wind. Noch vor einer halben Stunde war ich sozusagen oben im Nordland, d. h. auf kaltem Bergrücken gestanden, jetzt mit einmal, d. h. in merkwürdig kurzer Zeit stand ich mitten im Südland, in der Sonnenglut und mitten drin im Feuer. Reizend nahm sich in seiner Trotzigkeit, mit schlankem Traum, ein rauhes, halbverwittertes Ritterschloß auf kühnem Felssprung aus.

Das Gebäude schwamm im Mittagslicht, wie flüssiger feuriger Körper. Jeder Gegenstand ringsum schien sich wie in einer glühenden Schönheit zu verzehren, und die Gesichter der Dorfbewohner waren schwarzbraun und gänzlich schwarz in der allgemeinen Hitze, die bläulich und gelblich auf und ab glimmte, daß alles Leben schimmerte, loderte und in der Glut zitterte. Freilich gab es wieder hinter Fenstergardinen und in schattigen Gärten eher blasse, bleiche, als dunkle und zündende Gesichter. Zart, still und sanft wie Mondlicht wollten mir gewisse Mienen erscheinen, die mich in ihrer sichtlichen Durchgeistigtheit an Bilder von der andern Seite der Welt, an Demut, Entsagung, Melancholie und rührendes Verzagen erinnerten.

Rüstig, wie es sich für einen wackern Wanderer und Fußgänger schickt, ging ich munter vorwärts, kümmerte mich nicht allzuviel um Einzelnes, das auf seine Art bald fein, bald hart hervorstechen mochte, sondern hing immer vertraulich-behaglich am ermutigenden Anblick des luftigen, weit umherblitzenden, da und dort vertretenen, hin und her schwebenden runden, großen Ganzen. Wer in weiter Welt umherzieht, soll nur ruhig das Weite im Auge haben, mit Gedanken und Augen im befreienden, bewegenden Großen bleiben. Kleines und Enges müssen ihm am Blick, womit er aufs freundliche Allgemeine schaut, leicht vorüberfliegen, obschon jegliche Erscheinung und jedes geringfügige Ding an und für sich wieder betrachtenswert sein mögen.

Versetze dich, lieber Kamerad, nochmals eindringlich in eben besprochenes feuriges Leuchten, in das wellige Hitz-Meer, in all die Helligkeit, in alles sprühend-heiße Leben, und nun sei so gut und komme bald hierauf mit mir in eine dunkle, kühle, stille Felsenschlucht hinab, die ein Bach, der von Felsenstufe zu Felsenstufe niederstürzt, mit reizend-murmelndem, melodischem Geräusch erfüllt, so wirst du, wie ich es tat, aufs angenehmste betroffen, ja womöglich bezaubert stillstehen und lauschen, und eine gehörige Spanne Zeit damit verbringen, verwundert herumzublicken und dich fragen, ob dich ein Traum umgebe.

Hier hatte alles eine ganz andere und fremde Farbe. An derlei Ort, der völlig nur Ruhe, Zurückhaltung und Stille, feuchtes, liebes Rauschen und Rieseln ist, lebt eine hohe, seltene Romantik, die dir einredet, du seiest eingeschlafen und sähest nun im Traum solch eine Schlucht. Schlafend hörtest du das entzückende Geplauder des Baches, der sein silbernes, zauberisches Wasser von Terrasse zu Terrasse herabwirft, bald zischt und schäumt und ungebärdig über sich selber schlägt, bald aber wieder in Nischen und Becken, in geheimnisvollen Grotten freundlich ausruht, um sich als Teich oder kleiner See darzuweisen. Halb lebst du, halb wieder schläfst und träumst du. Vorhin, ich meine oben an der Sonne, war alles laut, blitzend hell und heiß, während nun alles kühl, still und dunkel ist, derart, daß Wärme und Kälte und Tageslicht mit Nächtlichkeit zu kämpfen scheinen.

Für die Schönheit, die dich hier umgibt, findest du lang kein Wort, bis dir vielleicht einfallen mag, dir einzubilden, daß du wie im Klang- und Wortgehalt eines Liedes dahinlebest, das von solch zaubervoller Schlucht singe, oder mit Lesen eines Buches beschäftigt seiest, worin an bestimmter Stelle von so viel Annehmlichem und Einschmeichelndem die Rede wäre.

Wie ich so dastand und aufmerksam lauschte, kam es mich

wie von ungefähr an, mir vorzustellen, daß ich ein Held oder Abenteurer sei, der, von erquickenden, erfrischenden Wasserfällen umrauscht und von Liebesliedern umtönt, hier ausruhe, damit er den rauhen Klang von vielerlei Anstrengungen und den Geruch von mannigfaltigen Gefahren im Dufte und Bereiche des Liebenswürdigen für kurze Zeit vergessen lernen könne.

Ich solcher Schlucht sein, mein Freund, bedeutet so viel wie wünschen, daß man nie wieder herauszugehen, nie wieder sich von so gefälligem Schauplatz, einladender Stelle, verbindlichem Aufenthaltsort, traulicher Träumerei, fesselndem Gemälde, wohltuender Beruhigung zu entfernen brauche. Mit seinem spritzenden Strahle schimmert das Wasser in der grünlich-dunklen Umgebung wie Schnee. Zwischen uralten, moosumschlungenen Felsblöcken, die seit seltsamer wilder Vorzeit als grandiose Trümmerstücke hier herumliegen, drängt sich der Bach unaufhaltsam hindurch. Nur hie und da fällt von oben ein feiner Lichtstreifen in den Frieden dieser holden Unterwelt herab, den und jenen Zweig vergoldend. Die herrschende Ruhe wird durch die Stimme des Gewässers eher vermehrt als vermindert. Gleich schönen Frauen, die reizende, lange, schleierhafte Gewänder anhaben und groß um sich blicken, schleichen durch die Schlucht, liebliches Fühlen und gute Meinung, Geisterfiguren, die den Wanderer mit weicher, feiner Geste zärtlich antasten. Teilweise trägt die Schlucht den Charakter unerbittlicher Natur, ändert aber ihren Sinn und geht nach und nach in gartenhafte Zartheit über. Das Bild wird dann sanft wie reife Kunst und ruhig wie edles Denken, und indem du das schöne Bild anschaust, möchtest du dich in den entzückenden Gedanken verlieren, der dich glauben machen wollte, daß es keinerlei Veränderung, Wandel der

Zeiten, Flucht der Erscheinungen, Unsicheres und Unruhiges mehr in der Welt gebe, du dich vielmehr hier auf der sachte wiegenden Grundlage alles von jeher schwebend Wesentlichen, an ununterbrochenes glückliches Schauen gebunden, und in unangefochtene reine Herzlichkeit und Menschlichkeit gebettet fühlen dürftest.
Wenn es nun ein wenig zu wirtshäuseln beginnt, so wirst du mir verzeihen. Nachdem ich aus dem Schluchtentraum, wofür ich noch ziemlich lange nachher eifrig glühte und schwärmte, allmählich herausgetreten war, schlich und ging ich nämlich in eines der niedlichsten, nettesten, artigsten, ländlichen Wirtshäuser, die jemals irgendwie vorgekommen sein mögen. Meiner Meinung nach wäre ich ein ganz hervorragender Dummkopf gewesen, wenn ich verpaßt oder vermieden hätte, in die liebliche und anziehende Erfrischungshalle einzutreten. Zum Glück war ich aber durchaus nicht der Tropf, als der ich mir erschienen sein würde, wenn ich nicht gescheit gewesen wäre. Ohne mich allzu lange zu besinnen, trat ich vertrauensvoll und vorurteilsfrei, d. h. mit den schönsten und besten Vorurteilen ausgerüstet, demnach denkbar voreingenommen, hinein und bestellte einen Schoppen leichten Weißwein, dem ich, so wie er mir nur auch schon einigermaßen aufgetischt und vorgesetzt worden war, alle Ehre anzutun wußte, und zwar ganz einfach dadurch, daß ich ihn erstaunlich behende austrank, mithin verschwinden machte, was mich nicht die geringste Anstrengung kosten konnte. Unschwer wirst du erraten, daß auf den ausgetrunkenen halben Liter ungemein rasch ein zweiter folgte, den ich ebensowenig verachtete, vielmehr ebenso hochschätzte und -verehrte, wie den vorangegangenen. Dir ist ohne Zweifel leicht begreiflich, daß man auf Märschen und Eilmärschen einen vernünftigen,

reellen Tropfen in jeder Hinsicht würdigen darf und muß.

Lag nicht das Wirtshaus an und für sich ja schon so reizend mitten im Grünen und Freien? Sah ich nicht Abendsonnenschein über den kleinen herzigen Garten hinweg in die ringsum liegenden, üppig blühenden Wiesen huschen? Saß etwa nicht ein Priester oder Abbé ziemlich dicht neben mir, und sollte mir festzustellen oder wahrzunehmen, daß die Wirtin ungewöhnlich freundlich zu sein schien, irgendwelche Schwierigkeiten bereitet haben? Stand nicht mitten im Gärtchen ein rötlicher, weißlicher Apfelbaum, der in seinem holdseligen Blütenzustande fast einem Kinde geglichen haben würde, das auf den Sonntag prächtig herausgeputzt worden wäre?

Alles Ersichtliche war von zartem Gold abendlich umrandet, ähnlich wie ein schönes ernstes Bild vom köstlichen Rahmen eingefaßt ist. In nächster Nähe stand der Wald mit zierlichen Tannenspitzen, so als warte er auf irgend etwas, zum Beispiel auf Leute, die ihn aufsuchen würden, um in ihn hineinzugehen und Freude an ihm zu haben. Mit wahrnehmbarer Wehmut sangen die Vögel in allen Bäumen; der süße Gesang schmetterte herrlich in die mehr und mehr dunkelnde stille Abendwelt hinaus. Insofern die Wehmut der Glanz ist, der über allem Schönen liegt, muß sie uns freuen, aber nur wenige besitzen den Mut zu derlei ernsthafter Freude, die freilich herzlich wenig mit Tingeltangel zu tun haben mag. An das Wirtshaus und die paar Leute, die neben dem Abend- und Lustgarten still vorbeispazierten, warf die Sonne rosige Wonnestrahlen. Ihrerseits warfen die Leute allerlei Blicke in die wirtshäuselige Herrlichkeit, von wo ich schließlich einmal aufgebrochen haben wollte, da ich vor lauter Be-

hagen, Genießen und Erglühen, vor lauter stürmischem, heißem Verliebtsein in alles umliegende, träumende Schöne unmöglich länger still sitzen zu bleiben vermochte. So stand ich denn auf und ging weiter; vorher hatte ich natürlich ordentlich gezahlt, was ich schuldig geworden war, ich hoffe es und kann es versichern.

Indem ich weiterging, ging und marschierte ich, wie mir vorkommen wollte, wiederum neuen und andern Schönheiten entgegen, deren Glieder und Gesichter mir wie von sich aus entgegentraten, als wenn mich die Gebilde sachte hätten bei der Hand nehmen und zu sich hinziehen wollen. Was ich liebend anschaute, das schaute mich wieder liebevoll an. Wofür ich glühte, war auch mir wieder gut gesinnt. Wonach ich horchte, schien auch für mich wieder Ohren zu haben. Was ich suchte, das strebte wieder zu mir selber hin, und was ich zu wissen begehrte, wollte auch von mir gern etwas wissen.

Alles, was ich sah, war in Freundlichkeit, süße Güte, sanfte, liebe Unverstandenheit getaucht, gebadet. Die Farben waren tief und feucht. Ein Abendglanz und Schönheitshauch lag über allem. Ich verging beinahe vor Schauen und Fühlen. Die säuberlichen Wege schienen zart zu erröten, die Luft blaß und voll Getön von hallenden Liedern, die den Abend verherrlichten. Über dunklen Bäumen schwebte da und dort Abendrot, das ich vergötterte, weil ich wie berauscht war, wobei zu sagen wäre, daß ich allerdings frisch aus Wirtsstuben hervorkam, wo einiger Wein geschwind genossen worden ist und artig konsumiert wurde. Über den Gedanken an Konsum und ähnliches mußte ich lachen, fand aber nichtsdestoweniger das herrliche Abendrot himmlisch schön und zwar schon egoismushalber. Vergöttern, lieber Bruder, entzückt dich, macht dich gut, groß und schön, hebt dich in ein Paradies empor, macht dich alles Ärgerliche überwinden, alles Lächerliche völlig vergessen. Freilich bist du im Anbeten und Bewundern selber scheinbar ein wenig komisch, was jedoch der Sache keineswegs schadet. Der Begeisterte darf wie jeder, der schwärmt und liebt, über die Schnur hauen, das ist folgerichtig und nur für den erstaunlich, der noch nie glücklich war.

Die Gärten waren voll Abendfeuer, sinkenden Sonnenscheins und duftender Blumen, und das Gras duftete weit und breit in die weiche, feuchte Atmosphäre. Aus grünem Gebüsch drangen wie zum hinreißenden Lobe Gottes süße Vogelstimmen, als wenn irgendwo Mozart gespielt würde. Wie Liebkosen und flehentliches Bitten klang es. Ich dachte mich in einer Kirche und meinte beten zu sollen.

Du solltest die schmucken Bauernhäuser inmitten der weißlich-üppigen Blütenbäume haben liegen sehen können. Der Anblick würde dich sicher tief gefreut haben. Du hättest mich auf dem Wege, den mancherlei Gestalten anmutig belebten, aus lauter dummer Überschwenglichkeit einen alten, bärtigen Mann grüßen sehen sollen, dem ich nur deshalb guten Abend sagte, weil ich sah, daß er arm und dabei zufrieden war, wofür ich ihm ein Vermögen hätte schenken mögen. Gesättigt und getränkt, wie ich mir erschien, suchte ich dennoch überall herum nach neuerlei Befriedigungen, da ich mich durchaus noch nicht befriedigt fühlte. Satt und zugleich unersättlich; im höchsten Sinn befriedigt und doch auch wieder im höchsten Grade befriedigungsbedürftig war ich. Unruhig und zugleich glücklich, ernst und zugleich lustig, geizig und zugleich verschwenderisch, müde und zugleich munter, zufrieden und zugleich begehrlich, ruhig und zugleich neugierig, sehnsüchtig und zugleich spöttisch und weiß der Kuckuck was war ich.

Wenn du mich herumstehen und nach allen Richtungen Umschau halten gesehen hättest, so würdest du vielleicht Anlaß gefunden haben, mich tüchtig auszulachen, da ich mich auf Sehen, Wissen, Beobachtungmachen wie ein findiger Berichterstatter spitzte. Übrigens hättest du auf einer Bank am Waldrand zwei hübsche Mädchen sitzen und sehen sollen, was für einladende Augen ihnen einfiel mir zu machen. Von Herzen gern wäre ich zu den Holden hingetreten, um zu versuchen, mit ihnen anzubändeln, zog jedoch vor, weiterzugehen, um weitere interessante Dinge aufzusuchen.

Göttlich, nicht wahr, ist der Reichtum der Welt. Ans Ungeheure, Fabelhafte grenzt er. Arm und klein fürwahr sind wir Menschen. Eine rührend schöne, kleine Vorstadt solltest du in bezaubernder, goldner Abendsonnenüberschwemmung haben sehen müssen, wie da das Geringste rötlich glühte, kleinen armen Kindes liebes Gesicht, Männer- und Frauengesichter, das Gesicht des Einsiedlers, der mir nah bei der Einsiedelei begegnete, der doch auch mit zu den rührenden Gestalten gehörte. Ach, daß du es über Äcker, Felder und Hügel, über Häuser und Bäume strahlen und strömen und tönen und fließen gesehen hättest und erlebt haben würdest, wie sich die Sonne unter wundervollen gigantischen Gebärden zum Abschied von ihrer treuen Erde vorbereitete, als wenn im Trennungsschmerz zwei Liebende sich küssen und einander mit Zärtlichkeit überhäufen wollten.

Warum dürfen Liebe und Freundschaft nicht unsterblich sein, wie die Sonne? Warum müssen Fülle des Gefühls, gewissenhaftes Streben, gedankenreiche Anstrengungen, hohes Sehnen und aufrichtiges Wollen verletzbar sein und ihren Untergang im kalten Grabe finden? Wie ist es möglich, daß alles dies stets so sein muß und nicht auch anders sein darf? Wie ging es zu, daß allen denen, die lieber freudig als traurig, lieber mutig und zuversichtlich als furchtsam und ängstlich sein möchten, so viel Niederdrückendes, Bemühendes auferlegt werden konnte, woran sie zu leiden haben, statt daß sie sich unzerstörbarer Gesundheit und Munterkeit zu erfreuen und an unweigerlicher Fröhlichkeit zu erlaben und belustigen hätten?

In ein Kirchlein, das reizend in den Felsen eingebaut ist, würdest du mich haben treten und alter Grabmäler merkwürdige Inschriften entziffern sehen sollen. In der Kirche, deren Inneres einem Schmuckkästchen glich, sah ich entzückend schöne Wandmalereien aus längst dahingegangenen fröhlichen und ernsthaften Zeiten, wo die Menschen Zeit und Lust hatten, sich durch fleißigen Verkehr mit Geistigkeiten und Seltsamkeiten das Leben auf die beste Art auszuschmücken. Wie arm ist eine Welt, die sich von Vergeistigung und Begeisterung entfernte. In welche Öde, Leblosigkeit oder Halblebendigkeit artet ein Menschenleben aus, das alle Innerlichkeit, jeden Schauer vor dem Überirdischen mißachtet!

Dunkler und dunkler wurde es, jedoch nur leise. Wie ein Zauberer dehnte sich der Abend aus. Mit behaglichen, weichen Bewegungen ging er still überall herum, drängte, mischte sich in alles, streute Ahnungen aus, guckte mit seinen edlen Augen tiefsinnig hinter jedem Gegenstand glanzvoll hervor, schimmerte in den Bäumen als mildes hinschwimmendes Licht. Still, fast andächtig ging ich weiter. Mich haben Abende mit ihrer Feierlichkeit noch immer andächtig gemacht. Fast nahm ich mir heraus, ein hübsches Mädchen anzureden, das mir begegnete; ich hätte nämlich viel Lust gehabt, sie zu fragen, ob nicht auch sie fühle, wie schön und reich die Welt sei, ob nicht auch sie von Glück und Mißgeschick schon manches erfahren habe. Da ich aber durchaus nicht gewöhnt bin, mich zu überheben und Leute durch aufdringliches Wesen unnötigerweise stutzig zu machen, so vermied ich jedwede gewagte Anrede und ging weiter. In der Tat mache ich mich mit Vorliebe so wenig breit wie möglich, weil ich der Ansicht bin, daß genügend Menschen existieren, die gern groß sind und das unfeine Bedürfnis haben, wichtig aufzutreten. Fand ich doch schön genug, das nette Mädchen überhaupt nur gesehen zu haben.

Im Wald, durch den ich nun kam, lagen im friedlichen Halbdunkel auf warmem Boden, zu malerischer Gruppe zusammengeschlossen, etliche junge Männer, die mit starken, guten Stimmen, recht aus zufriedener Brust heraus, ein Waldlied sangen, das überaus annehmbar und wohltuend in die Umgegend klang. Nebenbei wären zu erwähnen eine breite, prächtige Allee, ein Mädchen in Rot, allerlei spazierende Menschen, ein auffallend schönes Wirtshaus im Stil der Kaiserzeit, nebst wunderlichem, altem Garten, ein Edelsitz, eine Gaststube, deren Wände mit Schlachtenbildern und Generalsbildnissen behängt waren, eine vornehme Reiterin, die auf Herrenart zu Pferd saß, schließlich eine Gesellschafterin oder Erzieherin in einer Art Park, von einer Kinderschar umgeben. Ich war nun in die Stadt hineingekommen.

Wenn ich dir zu berücksichtigen gebe, wie sehr mich alles bisher Genossene bereits entzückt hatte, so wird dich das Geständnis, das dir sagt, daß mein Vergnügen bei Eintritt in die schöne, feine Stadt seinen höchsten Grad erreichte, sicherlich nicht allzu stark überraschen. Vergegenwärtige dir ein mächtiges, imposantes, kriegerisch-trotziges Stadttor, durch das ich mit vor Freude leuchtendem Gesicht in die Stadtherrlichkeit und -Schönheit einmarschierte. Von mehreren Menschen wurde ich ziemlich erstaunt angeschaut, als wenn ich eine völlig befremdende, unverständliche Erscheinung gewesen sei. Ohne mir jedoch den Kopf zu zerbrechen, was meine Person Fremdartiges aufweisen könne, schritt ich mutig gegen eine alte riesige Bastion oder Befestigung im Vaubanstil, die ganz mit Sommergrün behangen, einen großartigen Anblick gewährte. Zwei schöne Damen bewegten sich dicht vor mir, wobei ich überlegte, was höher zu schätzen und lebhafter zu bewundern wäre: die Bauwerke aus alter Zeit oder die lieblichen, graziösen Mitwelterscheinungen. Vor letztern würde ich gar zu gern den Hut haben lüften wollen dürfen; doch schien mir leider wenig oder überhaupt kein Grund zu derartigem galanten Manöver vorzuliegen.

Stelle dir auf engem Platz, in engen, alten Gassen prächtige dunkle Paläste mit schönen Fenstern, edlen hohen Säulen und zierlichen Standbildern vor, Brunnen, Prunkfassaden und schlanke Türme, anmutige Zeugnisse städtischer Baukunst. In bewunderungswürdiger Eleganz ragte nah vor meinen Augen aus schmalem Gassengewirr eine Marmorkathedrale in den Himmel empor. Zahlreiche ernstgekleidete Leute, besonders Frauen, stiegen, mit dem Gebetbuch in der Hand, feierlich die prachtvolle, breite Steintreppe hinauf, um in die Messe zu gehen. Alles das sah so zart und schön aus, daß mich das Ganze bloß ein Gemälde zu sein dünkte. Um die Türme herum flogen in goldig-blasser Luft Schwalben und Tauben, und in den Straßen spielten Kinder, als wenn ihnen allein die Welt gehöre. Wenn dies doch so wäre! Kinder vermöchten ein Weltreich ebensogut zu regieren wie sonstige ungeschickte Regenten. Wenn sich

doch viele Erwachsene lieber weniger erwachsen und viele Große weniger groß vorkämen. Wir alle sollten uns sagen, daß wir klein bleiben, daß von Werden und Wachsen, von tatsächlich gut und groß werden bei den meisten keine Rede ist, auch bei mir nicht. Mit Kränkung fange doch jeder, falls er so gut sein will, stets bei sich selber an; nur mit Artigkeit und Liebkosung bei andern. Doch das sind Sachen. Keiner kann aus seiner Haut herausspringen, so gern er es vielleicht tun möchte. Sind wir nicht mehr oder weniger Traumfiguren, Bilder, Phantasien, Gedichte? Ein wahrhaft schönes Gedicht lebt ja länger als Menschen, und dies ist eigentlich recht sehr unangenehm.
Dicht neben der prächtigen Kirche stand ein vornehmes Gasthaus, es war die »Krone«. Schüchtern wagte ich einzutreten. Die Botschafter Frankreichs, die Gesandten von Preußen, Marschall Bassompierre, Goethe, die Zarin Alexandra, der überspannte, geniale Heinrich von Kleist, Graf Gobineau und der siegreich aus Italien heimkehrende General Bonaparte waren einstmals hier ein- und ausgegangen und hatten »geruht abzusteigen«, wie hiefür der passende Ausdruck lauten dürfte. Das bescheidene Wörtchen »übernachten« klingt für berühmte Herrschaften viel zu gewöhnlich. Ruhm ist klein und töricht, doch es wird immer Berühmtheiten geben, obwohl es für die Menschheit weitaus besser wäre, wenn es keine gäbe. Derartiges kann an sich durchaus interessant sein. Ich bin überzeugt davon. Doch weiß ich Schöneres und Besseres als solches, und auch du, mein Lieber, wirst es wissen. Vielleicht wird nach langer Zeit einmal eine überallhin verbreitete Selbständigkeit gedeihen. Alsdann wird es nur mehr noch gute Absichten, aber keine sogenannten leuchtenden Größen mehr geben. Für nichts und wieder nichts floh Tol-

stoi nicht ins Eisfeld hinaus, um sich den Tod zu geben. Ihm grauste vor sich selbst. Zwar würde ich so etwas an seiner Stelle lieber unterlassen haben. Man soll ausharren und nicht verzweifeln. Doch war er alt und offenbar lebensüberdrüssig.

Das Gastzimmer enthielt Mobiliar und Bilder in Menge, alles redete von der Vergangenheit Seltsamkeiten. Indem ich mir überaus wertlos und ganz belanglos erschien, setzte ich mich an ein Rokokotischchen und bestellte Essen und Trinken, da ich nachgerade ziemlich genau wußte, was Appetit sei. Die schöne große Stube war voll Offiziere, von denen einige Billard spielten. Der Wirt, der eher wie ein Pariser Künstler als wie ein Wirt aussah, spielte nach allen Seiten den weltgewandten Gesellschafter. Artig lächelnd ging er von Tisch zu Tisch. Sogar bis zu mir gefiel es ihm sich herabzulassen. Ein so hoher Grad von Huld mußte mich entzücken. Über das Essen machte ich mich wie ein Jagdhund her. Dasselbe war freilich ausgezeichnet und der Wein war herrlich. In hübscher, traulicher Fensternische saß mit Nähen beschäftigt eine ehrwürdige, alte Dame, die mir eine Frau zu sein schien, wie sie jedermann sich zur Mutter oder Tante wünschen mag. Das gescheite Gesicht und im hohen Alter sichtlich angenehme, liebenswürdige, weiche Bewegungen, die sie besaß, machten sie zur durchaus edlen, vertraueneinflößenden Erscheinung, wofür sich ohne weiteres Sympathie einstellte.

Als ich wieder auf die Straße hinaustrat, sah ich die Kathedrale blendend weiß wie eine gewaltige Traumgestalt aus bereits ringsherum herrschendem Dunkel hinaufsteigen. In der nächtlichen Stille standen und gingen nur noch wenige Leute umher. Mir fiel ein merkwürdiges, wuchtiges Gebäude in der Gasse auf, und da ich einen Herrn vorbeikommen sah, so erkundigte ich mich ohne lange Förmlichkeit nach des Bauwerkes Bedeutung. Das sei die Jesuitenkirche, wurde mir gesagt. Das Haus wollte mir in seinen kühnen Verhältnissen, seinem architektonischen Schwung schier ungeheuerlich erscheinen. Ich fand, daß es ein Gepräge von trotziger Schweigsamkeit, verborgener Energie und unüberwindlicher Beharrlichkeit trage. Wie stumme Größe und heimliche Stärke stand es da.

Indem ich durch stille Nachtgassen behaglich weiterging, kam ich zu einem zierlichen, anscheinend wiederum geistlichen Palast von höchst reizvoller, unalltäglicher Bauart. Mir schien es eine Art halbverfallener Bischofssitz zu sein, der in seiner eigentümlichen Einsamkeit zart und vornehm wie sogenannte »ehemalige Schönheit« wirkte. Dicht daneben floß ein breiter Fluß, leise ging ich über die Brücke in die Vorstadt hinaus, wo alles schlummerte. Da und dort noch ein Licht im allgemeinen Dunkel.

Wie seinerzeit Marschall Bassompierre würde nun vielleicht auch ich etwa in der »Krone« haben Quartier beziehen und übernachten können. Da ich mich jedoch verhältnismäßig noch munter fühlte, mir außerdem die Nacht so schön vorkam, so beschloß ich die Wanderung fortzusetzen und weiter zu marschieren. Schlafen in solch warmer, schöner Sommernacht wäre gar zu langweilig gewesen. Dermaßen befand ich mich bald wieder im ländlichen Freien, das jetzt freilich eher stockdunkel als hell und farbig war. Gleich einem in Reih und Glied marschierenden Soldaten schritt ich auf dunkler Landstraße immer hübsch sachte Schritt für Schritt ruhig vorwärts. Zu eilen brauchte ich keineswegs, da ich Zeit genug hatte. Eine ganze lange Nacht lag ich geduldig und mäuschenstill vor mir. Füße und Beine wollten anfangs freilich ein wenig rebellieren.

Ich übte jedoch Zwang aus, schenkte rebellischem Gemurmel nur geringe Beachtung, worauf ich zu meiner frohen Genugtuung finden durfte, daß man mir gehorchte, obschon ich Protest befürchtet hatte, weil die Zumutung in der Tat stark war. Im völlig dunklen Land kamen mir zwei bis drei späte Käuze von Wanderern langsam entgegen. Von Zeit zu Zeit tauchte im Meere von Finsternis ein Bauern- oder Landhaus groß auf. Da und dort vermochte ich noch ein Gartentor, einen Brunnen, einen Baum in der Nächtlichkeit zu unterscheiden. Zeitweise ging der Weg durch gespenstisch-verworrenes Gestrüppe, derart, daß ich mich fast ein wenig fürchtete, worüber ich mich selbstverständlich ein wenig schämte. Die Schamröte sah jedoch zum Glück niemand. Drinnen im weiten unkenntlichen Land blitzte hie und da noch ein Licht auf. Obschon Himmel und Erde absolut finster waren, bereitete mir das Gehen durch all die weiche, schöne Dunkelheit die größte Freude. Sommernächte sind ja so angenehm, so freundlich. Aus ringsverbreitetem Schauer blinzelten wenige Sterne listig und lustig hervor. Wieder hörte ich etwa einen Ton, ein fernes oder näheres Geräusch. Bald kam ich durch ein Dorf, wo mir ein Knecht, der sich zu später Nachtzeit noch zu schaffen machen mochte, guten Abend sagte. Die Häuser lagen wie in tiefem Schlaf, sahen aus, wie wenn sie träumten. Durch Bellen machte sich ein Hund bemerkbar. Die gesamte müde Welt ruhte jetzt im Schlaf aus und freute sich im Schlummer über die tiefe Ruhe. In allen im Land verstreuten Häusern schliefen jetzt die Menschen in ihren Betten. Nach einiger Zeit kam ich in ein neues Dorf, das ein ähnliches sonderbares Aussehen von träumender Entrücktheit hatte. Allem Vorherigen ähnelte alles Kommende. Vergangenheit und Zukunft waren ein und dasselbe. Immer

ging ich still vorwärts. Hinter eigentümlich umhergeworfenem Gewölke lächelte und schlich der Mond, den ich Freund nannte. Auch der Mond schien zu schlafen, nach und nach wurde ich selber schläfrig, schlief mitten im Gehen ein, daß ich beinahe zu Boden gefallen wäre. Einige Schritte weit in der Wiese war ein Grenzstein, der sich zum Sitzen eignete. Ich setzte mich hin und schlief ein, wachte jedoch recht bald wieder auf, da es zu kühl zum Schlafen war. Zwei weitere Stunden brachte ich mit fleißigem Gehen zu, bis es endlich zu tagen begann. Wo alles geschlafen zu haben schien, wachte nun alles wieder auf. Äcker, Felder, Wälder, Häuser, Gärten und die langgestreckten schönen Berge. Leise wurde es hell, und wundervoll dünkte mich solches langsames, leises Erwachen.
Laß mich dich herzlich grüßen, dir die Hand drücken und alles Gute wünschen, lieber Freund, denn mir will vorkommen, daß es Zeit sei, einen Bericht abzuschließen, der vielleicht zu den längsten und umfangreichsten Berichten gehört, die ich dir je habe zukommen lassen. Darf ich hoffen, daß er dir einiges Vergnügen bereiten wird?
Indem es also auf meiner Landstraße zu tagen anfing, sagte ich mir, daß es einzig schön sei, eine Nacht lang im Finstern gewandert zu sein und hernach erleben zu können, wie der farbenfrohe Morgen rings aus grauem, fahlem Umkreis lebendig aufsteigt, alle Töne und Bewegungen wieder erwachen. Lebhafter und fröhlicher waren jetzt auch meine Schritte wieder geworden. Alle Gegenstände, wie Häuser, Bäume, Hecken oder Wege usw. schüttelten froh den Schlaf ab. In der Morgenkühle und -Frische schien alles zu lachen oder mindestens zu lächeln. In der Stille, die hell und freundlich wie Kinderaugen aufblickte, ging da und dort ein grüner Fensterladen auf und ein Menschengesicht

schaute heraus, das glücklicherweise kein mürrisches, sondern ein Mädchengesicht war. Rote, gelbe und blaue Blumen guckten artig herum. Schon war alles warm und sonnig. Wie mich die Helligkeit der Welt rührend schön dünkte, will ich dir nicht lang und breit beschreiben, weil derartiges besser zu fühlen als auszusprechen ist. Zwei Frühaufsteher, die mir begegneten, wunderten und freuten sich wie ich, daß es Morgen sei. Auf der Straße wurde es lebendiger. Über ein Rudel zur Arbeit gehender Arbeiter will ich schweigen. Wegen eines Platzes unter Linden viele Worte zu machen, würde dich unrichtig dünken. Ich füge bloß bei, daß die Straßen voll Licht und ruhiger, netter Gestalten waren, daß das Wetter entzückend schön und deswegen ich ganz entzückt war. Eine kleine Strecke fuhr ich mit der »Elektrischen«, worauf ich staubaufwerfend weiterging, nämlich zu Fuß und hinaus ins grüne Weite. Um eben erwähnten Staub kümmerte ich mich nicht gar viel. Endlich langte ich am See an, wo ich mich rasch auszog und ins Wasser warf. Herrlich war das Bad, so von schimmernd weißer, blauer Luft umflossen. Hier wäre wieder Schwärmen am Platz. Ich würde jedoch unpassend finden, mir hier nicht Zügel anzulegen, darf mir aber immerhin vielleicht erlauben, zu betonen, daß das wohlige grüne See- und Mattenland wie Watteaumalerei aussah. Ich zog mich bald wieder an, denn ewig kann man schließlich unmöglich baden. Zarter, süßer Vormittagswind strich blau durch die Kornfelder, und hin und wieder guckte der See lieblich in die Gegend hinein. Einen Kirchhof fand ich voll roter und weißer Rosen, auch könnte ich anmerken, daß ich ein Schloß in der Nähe sah. Vor Bauernhäusern standen Bauersfrauen. »Hier herum möchte ich wohl herzlich gern für immer wohnen«, dachte ich. Am Mittagstisch saß ich zwischen zwei städtischen Advokaten, wobei ich mit aufrichtiger Bewunderung von Friedrich dem Großen redete, was mir durchaus nicht viel Beifall eintrug, da die Rechtsanwälte den König für einen Despoten erklärten.

Naturstudie

Wie ich bei dem allem so innig ergriffen, so seltsam bewegt sein konnte, vermag ich mir heute kaum noch irgendwie zu erklären.

So zum Beispiel erinnere ich mich, eines Abends ein entzückendes Abendrot gesehen und in hohem Grade genossen zu haben, das über hohen grünen Sommerbäumen schwebte. Die Erde und das Leben erschienen mir still, kühn, groß. Alles besaß eine ganz bestimmte Feinheit, die vielleicht einzig nur in mir selber in allzu starkem Umfang vorhanden war. Hierin, wie in manchen andern Dingen, täuscht man sich mitunter. Was wir zu betrachten und an uns anzuziehen meinen, gießt sich aus unserem eigenen Innern hervor usw. Übrigens bezieht sich dies auf Späteres, während hier eigentlich von Früherem geredet sein sollte. Eigentümlich ist, wie mir Frühes und Spätes, Jetziges und Längstvergangenes, Deutlich-Gegenwärtiges und Halbschonvergessenes in- und übereinanderschwimmen und schimmern und wie blitzende Lichter, schwerfällige Wellen zusammenfallen und übereinanderwogen. Derartiges Zittern und Blenden liebe ich jedoch mit aller Leidenschaft. Ich bin erklärter Freund des Ungewissen. In einer gewissen Undeutlichkeit, worin alles verfeinert ist, fühle ich mich außerordentlich wohl und wenn es mir zeitweise um Herz und Geist herum dunkel ist, so freut es mich tief, daß ich mich anzustrengen habe, mich in Geist, Herz, Phantasie wieder zurechtzufinden, halb schon verlorengegangene schöne, liebe Dinge, Gesichter, Gebilde, lebhaft zurückzugewinnen. Suchen, spüren, stöbern, spähen und lauschen finde ich ungewöhnlich anregend und darum auf gewisse Art angenehm. Ich hoffe, daß ich mich deutlich ausdrücke.

Also das Abendrot!

Mir fällt ein, daß ich einmal an dem und dem Garten vorbeizugehen kam, wo über Rosen und Lilien glühend rotes Abendgewölke schwamm. Ich meine, daß angesichts sommerlich-bäuerischer Gärten, die so voll üppig blühender, kräftiger, oft sogar wilder Phantasie-Schönheit sind, sich die Seele nach irgendeinem Indien oder auf eine Südseeinsel versetzt fühlen kann. Vor einem ländlichen Garten denke ich unwillkürlich an eine gesunde, prächtig gekleidete wohlhabende Bauernfrau. Gewänder, schöne Tücher, frische Gesichtsfarbe haben, wie mir scheint, mit Blumen einige Ähnlichkeit. Kräftiger Ländlichkeit gegenüber muß alles Städtische oder gar Großstädtische verschwinden oder mindestens verblassen. Übrigens erlaube ich mir der Meinung zu sein, daß auf offenem, gedeihlichem Land stets etwas wie gesunde Vernunft, immer gegenwärtiger, erbaulicher Frieden, sorgliche Genügsamkeit blühe, dagegen in Städten stets etwas wie Unheil, Unfrieden, Unerbaulichkeit zustande kommen möchte. Mit weltumwerfenden Plänen gibt sich der Landmann gewiß nirgends ab. Handkehrum wachsen freilich in städtischen Bezirken oft auch wahrhaft gute Gedanken und Taten. Wie man vielleicht die Länder mit Körpern vergleichen könnte, so würden womöglich die Städte mit Geistern verglichen sein wollen. Das Land scheint alles in allem geduldig und weich, sanft und reich zu sein, wogegen sich die Stadt als spitzig, spitzfindig, unruhig, ungeduldig, schmal, hart, dünn, mager, unzufrieden, herrisch und armselig darstellt. So oder ähnlich beliebe ich die Sache nun einmal aufzufassen, was irgend einen andern an irgend welcher anderer Anschauung doch wohl durchaus nicht hindert.

Ich möchte bloß fragen: was sind Blumen in der Stadt? und man wird mir antworten müssen: entschieden etwas Beein-

trächtigtes, denn es ist wohl klar, daß Blumen nur im ländlichen Garten, mitten im Grünen, inmitten sonstiger Kräuter- und Pflanzenpracht, in frischer Luft, bestrahlt vom Sonnenlicht, und von wohlwollenden Winden umschmeichelt wahrhaft schön sein können, womit ich allerdings ein bißchen einseitig zu reden und zu sein scheine, was ich herzlich gerne zugebe.

Wie ich einsehen muß, bin ich im besten Zug, mich zu verirren, d. h., vom wahren Gegenstand abzuweichen. Man will daher so schnell wie möglich dorthin zurückkehren, wo abgebogen worden ist, damit auf richtigem Weg weitergegangen werden kann.

Wie ich nämlich annehmen zu dürfen glaube, bin ich allen diesen Dingen gegenüber weit weniger von Begeisterung und Schwärmerei, als vielmehr nur von überaus starker Aufmerksamkeit ergriffen gewesen, die mir ein Zustand zu sein scheint, wovon ich denke, daß er höher zu schätzen sei als irgendwelche Benommenheit, die über jedes exakte Beobachten, richtige Besinnen, Einprägen und feste Denken gern hinwegschwimmt. Noch sehr genau weiß ich und vermag daher auszusagen, daß ich eher kühl und mißtrauisch als warm und sorglos war. Indessen zog mich, wie ich versichern kann, eine Wärme bald mit. Tiefe Freude vermochte mich wohl auch da- und dorthin zu reißen, sich aller Überlegungen zu bemächtigen.

Von einer Zärtlichkeit, womit ich rings um mich in die Gegend schaute, wurde bereits gesprochen. Ich bekenne, daß mich ein Gefühl des Dankes durchdrang. Allerlei Helles wie Dunkles, Sonderbares, Wunderbares tastete mich an. Bald mußte mit Einbildungen, vielerlei konfusen Gedanken, kleinen wilden Einfällen gekämpft werden; bald stand ich plötzlich wie angewurzelt da, als wenn sich etwas

Erstaunliches hoch vor mir aufbäume. Ich ging und stand still, ging wieder und blieb später wieder still am Fleck stehen und schaute mich nach allen Seiten sorgsam um, wie ein Soldat tut, der auf Wache steht. Auf mich schien ein Strom des Außerordentlichen zu fließen.

Wie gesagt, war's früh im Jahr. In gewissen Gärten auf felsigen Abhängen loderte Feuer, und die Art, wie sich die Flammen in die dunkle, feuchte Frühjahrsluft hineingeschlungen haben, ist mir unvergeßlich geblieben. Auf schauende, denkende Gemüter vermögen Farben zuweilen tiefen Eindruck zu machen. Merkwürdige Farben vermischten sich mit ebensolchen Lebenserinnerungen. Wie gebannt trat ich umher, war beinah dem Märchenprinzen ähnlich, der ja eigentlich gar nicht Prinz, sondern lediglich Mensch ist.

Übrigens kann ich ja mit Prinzen unmöglich irgend etwas zu tun haben, obwohl selbige, wie ich stark zu vermuten wage, schließlich Leute sind wie andere.

Ich suchte stets etwas, ging nach Erdeigentümlichkeiten suchend umher, freute mich im voraus aufs Finden, fand aber dabei durchaus nicht so viel Vergnügen wie beim Suchen, das viel schöner als ersteres ist. Wie belebt, beglückt dich jederlei Erwerb, doch wie fade dünkt dich dann jedwedes Erworbene. Wenn du einen Dichter frägst, welches von seinen Büchern ihm das liebste sei, so wird er dir zweifellos antworten: dasjenige, wonach ich trachte! Ebenso beglückt den Goldsucher keineswegs der Klumpen Gold, vielmehr das Verlangen darnach. Durch eifriges Suchen gelangen wir zum Finden; möchten aber am liebsten alles Gefundene sogleich wieder verlieren, um uns wieder frisch ins Suchen hineinfinden zu können.

Indem ich an dieser oder jener Stelle wie unter Zauberbann

stillstand und das Land still und lang und sorgfältig anschaute, geschah das Sonderbare, daß alles schöne Äußere nun seinerseits auch auf mich blickte. Mir schien sehr eigentümlich, daß ich für das Sichtbare selber wieder sichtbar sei, daß alles, was ich sah, selber wieder rund um sich schaue. Betrachten, sorgsames Prüfen, Aufpassen, Horchen, vielfältiges Schauen und Merken, sowie Fragen und Überwachen schienen gegenseitig geworden zu sein. Wo ich selber andauerlich forschte, wurde wieder ich selbst erforscht, aufmerksam betrachtet. Wenigstens bildete ich mir ein, daß dies so sei. Wo ich staunte, wurde vielleicht auch ich bestaunt; fraglich, bedenklich, wie die Umgebung für mich zu sein schien, war ich auch für sie. Mindestens schien mir dies möglich. Das Land und all seine Schönheiten hatten Augen, und ich war damit zufrieden.
Namentlich kam mir stets der Wald seltsam schön und reich und voll Phantasie vor. Immer meinte ich, daß es von irgendwoher eigentümlich töne und dufte, daß beides leise durcheinander fließe, indem nun der Klang einen sichtbaren Glanz und die Düfte einen bestimmten Ton angenommen hätten. Geheimnisvoll stand ein altes Landhaus wie in sich selbst versteckt, dicht am dunklen, lieben Waldrand. Seinen hübschen Platz schien sich das nette gute Gebäude nach eigenem Wunsch gewählt zu haben. Mit entzückendem, urwelthaften Schmelz sangen hie und da die Waldvögel. Bald tönte es wie Weh, bald wie Spott, bald wie Jubel, bald wieder wie übervolle, üppig-langgezogene Klage. Weh und Lust gingen als Gestalten freundlich hier- und dorthin, derart, daß ich mir sagte, es töne hierherum nach Vergnügen, dortherum nach wehmütigem Verzagen. Alles Getöne drang wie aus dem Munde der Dunkelheit selber naturhaft hervor, und alle diese kleinen guten harmlosen

Vögel schienen mit ihren süßen Stimmen allen von jeher vorhandenen Weltschmerz, alles von jeher gefühlte Ungeheuere; Schöne zugleich und Schreckliche lieblich vergegenwärtigen und verständlich machen zu wollen. Das mit so schweren Ketten umklammerte, anmutige, reizgefüllte, schmerzgeschmückte Dasein war zum Gesang geworden, und alles Menschlich-Irrende kam zu wesentlichem Ausdruck. Die Erde selber schien ihr ureigenes Lied zu singen. Ganz nur noch Lauschen war ich, und indem ich lauschte, fiel von oben wundervolles Meeresrauschen in die Stille herab, die mich umgab. Die Bäume wollten bald drolligen, bald feierlichen Traumfiguren ähnlich sein. Allerlei hohe Tannen winkten mir mit ihren langen Ästen bedeutsam zu. Obwohl alles ruhig war, schien sich mir dennoch alles rundherum zu regen, hin und her zu schweben, auf und ab zu gleiten, in die Höhe zu steigen und in unausmeßbare Tiefe hinabzusinken.
Von außen schaute ein Haus mit drei grünen Fensterläden, wie mit klugem Gesicht ruhig in den Wald hinein. Später kam ich zu den tiefgrünen Wiesen, die wieder ihr besonderes Antlitz besaßen. Jeder Baum, jedes Gestrüpp, jedes zierliche Gebüsch hatte hier seine liebliche, redliche Eigenart. Trotzig und lustig standen ehrenwerte Obstbäume da. Beinah hätte ich ihnen sagen mögen: »Ihr seid noch ehrliche Kerls!« An so treuherziger, kerniger, urwüchsiger Aufführung konnte ich kaum anders als große Freude haben, weswegen ich mich wohl fühlen durfte, wie selten zuvor. »Urwüchsig« dürfte übrigens vielleicht ein etwas allzuoft gebrauchtes und daher abgenutztes Wort sein, woran ich mich jedoch absolut nicht stoße.
Tag und Nacht, Morgen und Abend traten in ungetrübtem, durchaus unverwaschenem Ausdruck auf. Was mir auffiel,

war, daß jedes Vorhandene seine wesentlich saubere, naturwahre Färbung besaß, der Stein die seine, das Holz der Baumstämme die ihrige. Ebenso war es mit dem Erdboden, mit den Blättern. Alles war satt und voll Lauterkeit. Jede Mauer sprach deutlich für sich und stach als Mauer von andern Dingen reinlich ab. Rein und unbenommen stand der Baum als solcher da, diente nicht irgend einem Park oder sonstigen Zweck, war niemanden als wieder nur sich selbst unterworfen. Ähnlich war es mit allen übrigen Dingen. Die Stämme schienen von Gesundheit, Frische und Freiheit förmlich zu strotzen, nahmen einen breiten, behaglichen Platz ein, dehnten und reckten ihre Äste und Zweige weit in der prächtigen, klaren, glänzenden Luft aus, daß es eine Freude sein mußte, zu sehen, wie frei, üppig und frech sie sich entfalten, wie sie ungestört und ungeplagt wachsen durften. Alle Erscheinungen standen fest und doch auch weich, und zwar weich, weil frei in völliger Eigenheit, Unabhängigkeit, mit Spuren fröhlicher Wunderlichkeit und Zeichen von angenehmer Keckheit unbeeinträchtigt da, waren nicht hinderlich, doch auch selbst keineswegs gehemmt und behindert, und in all die helle, breite, weite Freiheit hinab und hinein glänzte reizendes, heiteres, farbendurchtränktes Himmelslicht, denn der Himmel war allen diesen gedeihlichen, freiwillig wachsenden Dingen sozusagen eng befreundet. Seit wann wäre der Himmel nicht der große, gute Freund alles Guten? Doch wo bin ich denn jetzt wieder?

Ich glaube, daß ich nur die Gedanken wieder ein wenig ordnen, und die zerstreuten Geister, die sich über alles eilig hinbreiten möchten, einigermaßen wieder sammeln sollte.

Besonders entzückte mich das reine, frische Frühlingsgrün,

das ich nie so schön gesehen zu haben glaube. Von den hohen Kastanienbäumen hingen die jungen, grünen, großen Blätter wie eine Art grünes Fleisch herunter. Ich werde dies wohl schwerlich beschreiben können. Wenn ich indessen mit vorsichtiger, bedächtiger Feder in einiger Geschicklichkeit über das Schöne nur leicht hinüberzufahren, sanft hinwegzugleiten vermag, so will ich froh sein und es mir nachher wieder wohl sein lassen. Das Grün besaß in der Tat einen überraschenden, ich möchte sagen, himmlischen Ausdruck von Jugend. Solch göttlichen Reiz, der so sehr Seele wie Fleisch, so sehr Gedanke wie Gemälde, so sehr Geist wie Körper ist, können nur Mädchenwangen und -Lippen besitzen, deren Farbe freilich eine andere wäre. Gleich fröhlicher, zärtlicher Mozartmusik hing und schwebte und schimmerte es in den Bäumen. Überall brach es wie eine anmutige Siegerin, beglückende Königin hervor, gab überall den schönsten, allerbesten und -liebsten Ton an, regierte überall, fiel wie hübsche, weiche Locken, die sich um Stirnen herum ringeln, jugendlich-mutwillig über Felswände herab; stürzte hier nieder, um andern Ortes hoch empor zu klettern. Sträuche, Gebüsche besaßen vielleicht das schönste, hellste, feurigste Grün, und in das eine Entzückende und Flammende floß ein anderes Beglückendes und Schönes; in die eine liebe Melodie eine andere, ebenso reizende, womit ich sagen will, daß sich in diese Innigkeit von Grün eine Innigkeit von Blau ergoß, derartig, daß beiderlei Süßes, indem es beidseitig ineinanderbrannte und -flammte, vielleicht noch streiten mochte, welches das Schönere sei und vom Himmlischen mehr an sich habe als das andere. Ist ein blühender Strauch nicht ebenso himmlisch wie der blaue Himmel selber, nicht ebenso schön wie jedes andere Schöne, nicht ebenso göttlich wie alles

Göttliche? Und ist es denn nicht alles schließlich göttlich? Könnte irgend etwas sein, das nicht von Gott durchtränkt, durchsättigt wäre? Ich möchte übrigens auch hier wieder hervorheben, daß ich, indem ich herumstreifte, mir Mühe gab, alles recht genau anzuschauen, mir alles Gute und Schöne, das ich irgendwo antreffen konnte, so fest wie möglich ins aufmerksame Gedächtnis einzuprägen. Das zarte, junge Grün war wie ein grünes Lodern, helles, lächelndes Brennen, tönendes Küssen, jugendliches Begehren. Wieder loderte auch das Blau, so, daß zweierlei Feuer loderten. Es war wie Blühen und Glühen zugleich; grün glühte es aus allen kleinen bescheidenen Zweigen, blau aber glühte es über alle Berge, über die ganze Gegend hinweg. Der naheliegende See hatte einen glühend-blauen Anstrich, er glich fast einem geschliffenen blauen Edelstein, und über sein Wasser, das von Schauerlinien grau durchadert war, stürmte dann und wann entzückend wilder, warmer Wind, der die blaue Glut in reizvolle wellige Bewegung setzte, von einem Ufer ans andere schlichen unsichtbar-sichtbare, weiße Gottgestalten. Am Himmel schwammen und flogen große weiße Wolken, die Jünglingen mit edlen Gesten ähnlich sahen. Durch den gesamten ersichtlichen Raum, von reizendem Horizont zum andern, von Luft zu Luft, Erdstrich zu Erdstrich, vom Himmel zur Erde, von Umfang zu Umfang, schwang sich zündend und flatternd eine beseligende herrliche Wildheit, wundervolles, liebendes Stürmen und Drängen, reizendes Toben, so, als sei die Erde selber all ihrer bisherigen Einheitlichkeit überdrüssig geworden, wolle aus Freude über ihre Schönheit alle ihre Haltung wegwerfen, in die eigene Pracht zusammensinken und in Trümmerstücke brechen.

Oft erlebte ich, daß es in wohligen, dichten, warmen Strömen einen halben Tag lang regnete. Wie war nach dem Regen alles klar und durchsichtig, die Luft so köstlich, die Aussicht so weich und rein, das Erdbild so voll, alle Farben so üppig. Alles schallte, tönte, die Geräusche hallten fröhlicher und heller wie sonst in die Welt, zum Beispiel das Rollen näherer oder fernerer Eisenbahnen, Pfeifen und Peitschenknallen, das Sausen und Schreien und vereinzelte Rufe von da- oder dorther. Die Welt so hoch, feucht und weit, die Wolken dann so schön, das Blau dann wieder so freudig und glücklich, das weite Freie wieder so glänzend, die Häuser so freundlich und weit und breit alles rund und säuberlich von Licht umglänzt. Einmal, als es regnete, stand ich im Wald unter einer tropfenden Tanne, ging später fort und kam in ein Vogeljubilieren und in den schönsten Abendglanz hinein, worin mir alles unsagbar froh erschien.

Das reine Sein wurde mir zu einem Glück, wofür ich weder Worte noch Gedanken fand. Ich hatte viel Lust, mich mit den Bäumen zu vergleichen, die stumm sind, die ganz und gar nicht nachdenklich zu sein brauchen, die still dastehen und so den Wald bilden, die leben können, ohne daß sie nötig haben, sich Rechenschaft hierüber abzuverlangen, die wachsen dürfen, ohne sich freuen oder grämen zu müssen, oder Ursache zu haben, sich vielerlei Fragen vorzulegen, wie die armen unruhigen, bald übermütigen, bald niedergeschlagenen, schwachen, ängstlichen Menschen tun, die immer eilig sind und dennoch in ihren wichtigsten Geschäften nicht vorwärts kommen, weil sie trotz hochentwickelter Intelligenz an Trübheiten und Voreingenommenheiten kläglich kleben bleiben, trauriger Eigenschaften bange Sklaven sind.

Mich selbst und alle andern Menschen vergaß ich zeitweise

völlig, trieb, atmete, strich herum, schlenderte für mich hin, dahin, dorthin, dachte nichts, war wie gedankenlos strebendes Gewächs, doch das Gedankliche kam von selber wieder zu mir heran, und unwillkürlich mußte ich vor mich hin murmeln: »Arme, verlorene Erde.« Das Wort ging mir wie von selber durch den Sinn und über die Lippen. Mehrmals schlich ich durch dorniges, nasses Gestrüpp, wurde bis auf die Haut naß davon, aber derlei stille Gänge hatten viel Anziehendes, Heimelndes, Freudiges, Ermutigendes für mich.

Eines Abends lief ich aus größerer Entfernung so rasch wie möglich nach Hause. Über der staubigen Landstraße flogen drohende Wolken. Vereinzelt fielen schwere, harte Regentropfen. Sturm fegte über den See. Das alles hatte eine besondere Art von Schönheit. Ich lief und ging mit dem stürmenden Himmel, mit dem aufziehenden Ungewitter. In der Nächtlichkeit sah ich Kirschblüten. Stark roch die Erde, und der Himmel war bis fast aufs Land herabgesunken. Alles war von dampfendem Rauch umzogen. Auf einem Berg in weiter Ferne strahlte ein großes Feuer. Da donnerte und blitzte es schon. Aus der Natur schien ein Wühlen, leises Toben, dumpfes Krachen hervorzubrechen. Rechtzeitig aber langte ich noch vor Ausbruch des Gewitters zu Hause an. Meine Wohnung lag dicht neben einem alten, dicken Turm und war infolgedessen gedrückt und dumpf. Das Bett war stets feucht. In der Stube lebte ein Hauch von geschichtlicher Melancholie, der mir nur zu zart war.

Auf der hellen, feinen Anhöhe, die dicht über der Stadt liegt, war es an sonnigen Vormittagen so schön, wie ich Mühe hätte zu sagen. Stahlfedern sowohl wie Worte sind in dieser Hinsicht höchst unzulänglich. Die grünlich-gelben

Frühlingswiesen, die mich wie Gedichte andufteten und anmuteten, lagen im süßen, warmen Sonnenhauch eigens wie für glückliches, beschauliches Spazieren und wonniges Schauen ausgebreitet. Schmetterlinge und lüsterne Empfindungen taumelten schneeweiß, rötlich, bläulich und gelb umher. Unten in sanft umschleierter, weicher Tiefe dehnte sich die Erde kindheithaft, doch wieder auch bedeutend, ebenso groß wie klein, alt wie ewig jugendlich, blitzend reich, schimmernd weit, voll heller zartgrüner, weiter Landschaft, mit Flüssen, Dörfern, Fabriken, Feldern, Wäldern, lieben, runden Hügeln, zerstreuten Ansiedelungen und allerlei sonstigen freundschaftlichen Belebungen wie ein reicher Teppich in allen sonnigen, gutherzigen Entfernungen aus.

Hier oben erging ich mich, Seite an Seite, mit einer Frau, die ich mehrere Jahre lang nicht mehr gesehen, zu der es mich nun von neuem hingezogen hatte. An fröhlichen, in Laubbäumen und Tannen verborgenen Lusthäuschen vorbei, gingen wir auf hellem Wege sachte in den Wald hinauf. Von Zeit zu Zeit forschte ich im schönen aber kalten Gesichte der Frau nach einem Zug von Freundlichkeit, vermochte jedoch keinerlei Teilnahme darin zu entdecken. Das Gesicht blieb düster, fast bös, bezeugte nicht die geringste Freude am holden Naturschauspiel. Ebenso anmutig wie gleichgültig ging sie neben mir her, und auf alles, was ich vorbringen mochte, antwortete sie entweder nur mißmutig und übellaunig oder überhaupt nicht.

»Sie grollen mir«, wagte ich zu sagen.

»Könnte Ihnen dies irgendwie wehtun? Ich glaube kaum, denn längst haben Sie mich vergessen. Gefällig findet sich's, daß man sich wiedersieht, nicht wahr. Auch gibt es sich, daß man einmal zusammen spazieren geht. Was hätte

das zu bedeuten? Man lächelt, schaut sich an, doch sicher nur mechanisch. Mit seinem Fühlen und Denken ist man anderswo. Nun ja, das schadet gewiß nichts. Nette Manieren genügen vollkommen. Wie soll ich glauben können, daß Sie treu sind? Nein, ich zürne Ihnen keinesfalls. Leuten, die mir gleichgültig sind, kann ich unmöglich grollen. Solches wird nicht allzuschwer verständlich sein.«
Indem sie dies sprach, blieb sie völlig ruhig. Ich faßte ihre Hand an und sagte zu mir selber: »Das wäre ja beinahe ein Roman.« Laut sagte ich:
»Ist es wahr? Bin ich Ihnen gleichgültig?«
Finster schaute sie vor sich hin, trotzte und zürnte. Der stolze, feine Mund, wahrer Stapelplatz für jede Sorte Verachtung, verzog sich zu einem bittern Lächeln, doch in den blauen, zornigen Augen schimmerte es wie Tränen. Oder täuschte ich mich? »Wie schön ist es rings um uns«, sagte ich.
Sie erwiderte nichts. Still gingen wir weiter. Ihre schmale, kühle Hand behielt ich sorgfältig in der meinen.
»Warum sind Sie so hart?« fragte ich nach einer Weile.
»Und Sie, weshalb sind Sie unaufrichtig?« gab sie zur Antwort, woraufhin ich für geboten fand, ihre Hand fahren zu lassen. Wir gingen nach Hause, wo sie sagte:
»Werden Sie morgen zu mir kommen?«
»Ich würde bedauern, wenn ich nicht Zeit hierzu fände. Möglich ist, daß ich anderwärts beansprucht sein könnte.«
Das Spiel war verfehlt. Mir blieb übrig, eine kleine Geste zu machen, womit ich mir eingestanden haben wollte, daß der Verkehr vorbei sei.
Mit recht bemerkenswerter Unbedachtsamkeit bin ich hier in einen scheinbar fast gartenlaubenhaften Romanhandel

hineingeglitten, worüber ich lachen muß, was ich unumwunden bekenne. Um so ruhiger darf ich nun vom Unwichtigen zum Wichtigen, vom Unbotmäßigen zum Gesetzlichen, vom Nebensächlichen zum Sachlichen und von der Abirrung zur Hauptsache zurückkehren. Wie mir übrigens scheint, könnte ich recht gut noch ein anderes interessantes Liebeszwischenspiel anfügen und einflechten. Ich will solches jedoch unterlassen, weil ich der Ansicht bin, daß jedes derartiges Geplänkel, Gemunkel usw. hier kaum am Platze wäre und daher keineswegs hierher gehört. »Bleiben Sie gefällig bei der Sache, geehrter talentierter Herr Verfasser«, möchte ich zu mir selber sagen. In der Tat handelt es sich hier mehr um Natur als um irgend etwas sonstiges, mehr um stille, zielbewußte Weltbetrachtung als um dramatische oder amuröse Auftritte. Zwar erkläre ich gern, daß ich durchaus kein Gegner von spannenden Szenen bin. »Onkel Toms Hütte« und ähnliche effekthascherische Werke sind freilich ungemein langweilig, weil unglaublich geistlos. Paß immerhin auf, Plauderer! Stillgeschwiegen, armer Hamlet! Iß dein Brot in Frieden und behalte deine Weisheit hübsch für dich. Besser ist noch immer besser gewesen, und wenn es regnet, so spanne ich den Regenschirm auf, damit ich möglichst trocken bleibe. Es ist ja so wundervoll behaglich, rechtschaffen sein Metier auszuüben, sechs Tage lang zu arbeiten und am siebenten Tage auszuruhen, wie andere unkluge, solide Leute. Es ist so schön, redlich sein tägliches Brot zu verdienen. Es tut so wohl, eine bestimmte Sache behandeln und wie ein ehrlicher Kerl hübsch gradaus schauen zu dürfen, treu und ausharrlich sein gutes, festes Ziel im Auge haben und einen reinlichen, appetitlichen, gescheiten Zweck verfolgen zu können. Stelle dir eine runde, nette, einmalige Aufgabe, suche sie zu lösen und sei damit zufrieden. »Seid arbeitsam«, möchte ich allen unbefriedigten Menschen zurufen, »seid treu und bescheiden, dann wird es sich nie ereignen, daß ihr nötig hättet, sogenannte Seelen- und ich weiß nicht was sonst noch für Angelegenheiten übermäßig wichtig zu nehmen, wodurch ihr euch Schaden zufügtet.« Sollte ich Elendiglicher, Nichtswürdiger mir erlauben dürfen, der Meinung zu sein, daß in den allermeisten Fällen Arbeit unendlich viel bedeutender sei als alles andere? Wenn du arbeitest, kann dein Gemüt unmöglich anders sein als ruhig und dein Herz unmöglich anders als gut und du selbst kannst unmöglich anders sein als schön, fein, edel, vornehm, groß und was hieraus notwendigerweise folgen muß: liebenswürdig.

Schwer fiele mir sicher nicht, eine Schauspielerin-Anfängerin zu erwähnen, die im entzückend weißen, weichen Morgenkleid am offenen Fenster stand und in eine von blauer Luft umsäuselte Platanenallee hinaus Desdemona-Verse rezitierte. Schlichter, schlechter, überaus fader, langweiliger, trockener, geringfügiger Mensch, der ich bin, ging ich in der süßen Frühlingsvormittagssonne, im lieben Treiben, Blühen, Summen, Duften und Zwitschern, in all dem Grünlichen und Lieblichen, d. h. unten in der Allee schlenderisch, vagabundisch vorüber und fand Anlaß, die junge, angehende Künstlerin verblüffend höflich und ungemein artig zu grüßen, was für mich natürlich ein Hochgenuß war. Ob auch für sie, mag fraglich bleiben.

Federleicht und scharmant vermöchte ich diese und jene unterhaltungslektürenhafte, nette, zarte, galgenstrickliche, hübsche, pikante Episode galant und womöglich ein wenig mokant anzubringen und hervorzuzaubern. Extravagant, versteht sich, und dabei keinesfalls irgendwie anders als entsetzlich weltgewandt, elegant! Handelt sich's jedoch, großer Gott, hier um aristokratische Akrobatie, Spezialität, Kuriosität? Oder um Geföppel, Gespöttel? Könnte oder dürfte es mir hier um Witze, brillante Geistesblitze, um Blendwerk, Feuerwerk, Pfeffer, ungesunden Reiz zu tun sein? Sollte ich etwa diesbezüglich beauftragt worden sein, etwelches beißendes Gewürz zu fabrizieren, das nur Durst und Hunger, verzehrendes Gelüst, verderblichen, unnatürlichen Appetit, giftige Begierden, schnöde, brandschwarze Begehrlichkeiten heraufbeschwört und weckt? Seit wann wäre ich der Sklave, der allem Zersplitternden blindlings dient? Ehe ich glänzende, betrügerische, schillernde, faszinierende Massenware liefern würde, wollte ich gewiß tausendmal lieber einfache Handarbeit oder mit andern Worten schmackhafte, aber durchaus erträgliche Nahrung bescheiden darbieten.

Schwalbenleicht vermöchte ich, falls ich Trieb und Beruf hierzu spürte, mit Strumpfbandangelegenheit oder Champagnerszenen herbeizufliegen, womit ich jedoch, wie ich glücklicherweise einsehe, spurwenig oder überhaupt nichts Gutes ausübte. Was hätte ich Großes gewonnen und Wünschenswertes erreicht, wenn es mir mit vieler Mühe gelungen wäre, Leser und Leserin Entsetzen einzuflößen.

Nein, ich halte mich gern an das Rechtschaffene und Gute, an das Nutzenbringende und Edle, an das Gutmütige und Schöne, und zwar vor allen Dingen deswegen, weil ich vor mir selber und andern Menschen immer noch lange nicht edel, gutmütig und rechtschaffen bin, vielmehr in jeder Weise nötig habe, mich emporzuschwingen.

Warum muß ich jetzt so fröhlich lachen? Schäme ich mich wirklich nicht, so fröhlich zu sein?

Mitunter mußte ich mich allerdings ein wenig schämen, daß

ich so müßiggängerisch herumstrich, hin- und herging und Beobachtungen sammelte, wo ich Ärzte, Buchbinder, Schneidermeister, Schlosser, Tischler, Stadtpräsidenten ihre Beruflichkeit ausüben, Advokaten, Redakteure, Bankangestellte und Direktoren, Uhrmacher, Wegmeister, Jäger, Förster, Gärtner ihren Obliegenheiten nachgehen, Wäscherinnen, Bäuerinnen, Tramangestellte, Eisenbahner, Schalenmacher, Setzer, Goldarbeiter, Kaufleute, Elektriker, Techniker, Industrielle und hohe Staatsbeamte ihre Ämter versehen und bekleiden sehen konnte. Ging denn aber nicht auch ich einer Art beruflichen Pflicht nach, erfüllte nicht auch ich gewisse ernstliche Obliegenheiten, bekleidete und versah ich nicht ebensogut ein Amt und schaute nicht ebensogut zur Sache wie irgendeiner? War denn etwa nicht wunderhübsch, daß es sich so verhielt? War das alles im Grunde irgendwie anders als überaus reizend, heimlich, kleinlich und anders als zugleich auch wieder groß, sonnig und vielsagend? War es nicht etwa ich, der immer wieder zu sich selber sagte: »Reizendes, zierliches Leben«? War es nicht immer ich, den alles dies so nachdenklich und wieder so merkwürdig froh stimmte?

Wenn ich sage, daß ich oftmals am Seeufer auf einer Bank unter den Zweigen zarter Weidenbäume saß und vor mich hinphantasierte, so berichte ich sicher nichts Erstaunliches, doch auch nichts Unwahres. Das Wasser war bald froh und blau, bald düster und schwärzlich.

Einmal stand ich nachmittags auf einem über dem blitzenden See gelegenen Felsen, wo ein Pavillon steht, und schaute mit Behagen und mit allerhand Gedanken beschäftigt, in die liebliche Tiefe. Der Himmel schien mild und sanft erzürnt, so als sei er zornig und freundlich zugleich. Als es zu regnen begann, flogen lange Schauer und Schatten

über den See. Doch zeigte sich da und dort noch Blau.
Göttliche Liebe schwindet niemals gänzlich.

Unten auf der nassen, aber säuberlichen Landstraße suchten sich Leute, die keinen Regenschirm bei sich hatten, insofern vor dem Rieseln und Rinnen zu schützen, als sie behende unter das dichte Laub von einigen breitförmigen Kastanienbäumen traten, was sich in der Tat drollig ausnahm. Gewünschten Schutz gewährten nämlich die schönen Bäume durchaus hinlänglich, indem durch die eng aneinander gedrängte Blätterpracht kaum einige Tröpfchen auf die Hüte, Kleider und Köpfe herabzudringen vermochten.

Während das Wasser in allen schönen, warmen, sanften Farben strahlte, schlang sich durch den aufgeregten Himmel, der dunkelgelb leuchtete, ein zartes Gewitter, wobei es gelinde donnerte. In einiger Entfernung sank unter herrlicher Bewegung, mit entzückenden Linien der Bergzug zum See herab, wo auf ruhigem, weichem, regnerischem Wasser noch Gondeln herumfuhren oder still umherlagen. Der Fischer da draußen angelte fleißig weiter. Auf allen Gebilden, Gestalten, lag warmer, frischer Glanz. Die glückliche, liebliche Welt schien sich dem Himmel, der sich so ernst gebärdete, vertraulich hingegeben zu haben, was ein wundervolles Bild ergab, das mich ebenso gewaltig wie angenehm dünkte. Sind nicht weinende Augen schöner als trockene und tränenlose? Ist nicht die Freude, die noch den Glanz erlebten Schmerzes sehen läßt, freudiger als jede andere Freude? Ist nicht das vom vorübergegangenen Unglück noch durchdrungene Glück reiner und schöner, reicher und höher als das nie vom Mißgeschick geplagte und heimgesuchte? Sollte weinender Zorn wirklich nicht schöner sein als kalte, gemessene Gelassenheit? Ist ein Sturm nicht doch viel schöner als kühle, reiflich erwägende Überlegung? Ist nicht Niederlage besser als bleiches Triumphlächeln? Ist Erschütterung nicht wohltuender als Gefaßtheit und Gleichmütigkeit, obwohl sie erstrebenswert sind? Ist nicht viel besser, daß ich verzage, worüber ich seufze, als daß ich siege, worüber ich mich auf rohe, wüste Art freue? Ist der Schimmer auf einem Gegenstand nicht tausendmal schöner als letzterer selber? Ist nicht schließlich der zürnende, strahlende, donnernde Himmel unendlich schöner als die mutwillige Erde, die ohne ihren Himmel, der sie in Lüften gnädig aufrecht hält, in Wertlosigkeit zusammenschrumpfen, in ein Nichts versinken, und in ein wesenloses Grauen herabstürzen müßte? Ist die Seele, die den Körper zum Körper macht, nicht schöner als dieser? Ist das Geistige, das dich in fröhliche Bewegung setzt, nicht schöner als du selbst? Sind denn die wenigen guten Absichten, die mich beleben und beseligen, nicht viel schöner als ich selber? Ist denn Gott nicht immer und überall das Höchste und Schönste?

Fröhliches Kindheitsland, lichte Elternerde, hohe Felsen, heitere, kleine Wege, Stadt- und Bauernhäuser. Gottes und der Menschen helle Welt und reizende, anmutige Verstecke, Büsche, Gräser, Pflanzen, Apfel- und Kirschbäume, tiefsinnig-blasse Lilien, üppig-schöne Rosen im dunkelgrünen heimeligen Garten, Helligkeit des frühen Morgens, die du mich götterhaft mit frischer Hoffnung anblitztest, dann wieder du, geduldiger, glücklicher, wehmütig goldene Gedanken-Wellen, Lieder voll Lebenslust, Ströme voll Liebe heraufzaubernder Abend, dein Bangen und Ahnen, deine Schwäne auf silbern-stillem Wasser, Nächte mit Mond und Sternen, des Halbmondes Schwermutlächeln. Rötliche Wolken über abendlich-bleichem See, Morgenrot, Wind, Regen und süße Mittagshitze, wie dankbar sah ich euch an, wie tief empfand ich euch, wie glücklich war ich im traulichen, zeitvergeudenden Verkehr und im liebenden Umgang mit euch. Niemals werde ich zu bereuen haben, daß ich Aug und Ohr, alle Aufmerksamkeit, Sinne und Gedanken und die Seele eifrig euch hingab. Schädigen hätte mich vieles können; dieses aber gewiß nicht. Wie könnte dich schädigen, was dich lebendig macht? Zeitverlust? Wenn ich Kraft, Mut, Geduld, Liebe und Beseelung gewinne, will ich herzlich gern Geld wie Zeit verlieren. Die Zeit ist ein Traum, alle unsere fleißigen Bemühungen sind am Ende höchst fraglich, sogenannter Erfolg ist an sich durchaus verderblich und Geld ist ein ungemein schätzenswertes, nettes, hübsches Übel. Im übrigen bin selbstverständlich auch ich der Ansicht, daß es schicklich sei, sich anzustrengen, es mit der Zeit zu irgend etwas zu bringen. Viel braucht's nicht zu sein, da ich Respektbezeugungen zu entbehren wage, indem ich vom Leben weiter nichts begehre als nacktes, schlichtes Auskommen, vermischt mit Spaß, d. h. um mich etwas würdiger, stattlicher, vornehmer auszudrücken: Dürftigkeit samt Liebe! womit ich angedeutet haben möchte, daß ich zufrieden bin, weil ich mich dann und wann amüsiere. Soviel ich einzusehen vermag, gibt es für uns Menschenvolk zwei Hauptsächlichkeiten: Pflichterfüllung und Freude!

Zu Hause saß ich wenig, machte mich vielmehr immer wieder munter auf die Beine, um das reiche, holde Freie zu empfinden, die Lebendigkeiten zu begreifen, den Erdboden zu spüren, gütiger Welt recht nah zu sein, Blumen und Blätter und manches andere fleißig anzuschauen, wie überhaupt alles umliegende Gebiet ehrlich kennen zu lernen.

Das Land machte mir die Stadt und diese wieder jenes angenehm. Durch das eine mochte sich mir auch das andere und nach und nach alles übrige bekannt geben. Hilft nicht jede Arbeit der andern? Geht nicht ein Wissen rasch zum folgenden über? Sind allerlei Liebe und allerhand treuliche Sorgfalt einander nicht überall heimlich behilflich? Wenn ich da und dort Interesse zeige, Anteil nehme, Eifer entwickle, Wärme und Gutmütigkeit bekunde, so wird es wohl geschehen, daß ein seltsames, gesetzhaft Verbundenes auch mir wieder einige Güte erzeigt und Liebe erweist. Den ich leben lasse, wird auch mich gefällig leben und vorwärtskommen lassen wollen. Ich will glauben, daß dies so ist, wenigstens will ich es hoffen, und ist es anders, so sind du und ich und wir alle noch nicht verloren. Hängt ja doch alles nah genug zusammen. Ist ja doch alles warm und eng genug miteinander verknüpft.

Ein und das andere Mal ließen mich offene Fenster in behäbige Stuben, mithin ganz gemütlich ins bürgerliche Familienleben hineinblicken. Wär's nicht viel schöner im Land, wenn alle ängstlich verschlossenen, bänglich-engen Verhältnisse offenherzig und großmütig zutage lägen? Einmal erhielt ich Gelegenheit, eine allerliebste, kleine Schöne zu betrachten, die sich am Fenster in aller Ungezwungenheit ankleidete, was ein Schauspiel war, das den Anschein erweckte, als ob von nun an keinerlei böse Zunge, dumme, üble Nachrede, lasterhaft schwatzende Bosheit, traurige Verleumdung, Neid, Eifersucht, Mißgunst, Spielverderben und Vergällung der Lebensfreude weiterum mehr existieren könnten. Wie gefielen mir Unbedenklichkeit und harmlose Art am reizenden Geschöpfe!

Nur rasch noch in den Tannenwald will ich treten und daraufhin bescheiden abbrechen. Welche zarte Ruhe herrscht nicht schon nah am Waldrand. Sobald du in die edle Tempelhalle, ins feierliche Kircheninnere eintrittst, haucht dich von allen Seiten willkommene Stummheit an. Der Boden knistert, in der Luft flüstert es. Kaum wage ich mich im grünen Saale vorwärtszubewegen, weil ich in all der Innigkeit, in all dem Guten und Schönen zu stören fürchte. Den Atem halte ich an, um auf die liebe Stimme des so grundgütigen und -ehrlichen Gesellen sorgfältig zu lauschen. Wie Könige stehen die Tannen da. Fragend betrachten sie mich. Alle Gedanken stehen still, alles Empfinden hört mit einmal auf, dennoch scheint jeder Schritt ein Gedanke und jeder Atemzug ein Gefühl zu sein. Aus der Abgesondertheit tauchen Geburt und Tod, Wiege und Grab dicht vor mir auf. Während ich über meinem Kopf ein Rauschen höre, stelle ich mir vor, daß Leben und Sterben, Beginnen und Endigen freundschaftlich beisammen liegen. Neben dem Greise steht das Kind. Blühen und Welken umarmen einander. Der Ursprung küßt den Fortgang. Anfang und Abschluß geben einander lächelnd die Hand. Erscheinen und Verschwinden sind ein Einziges. Im Wald ist alles verständlich. Ach, wer doch ewig leben und ewig sterben dürfte.

Der Spaziergang

Eines Vormittags, da mich die Lust, einen Spaziergang zu machen, ankam, setzte ich den Hut auf den Kopf, lief aus dem Schreib- oder Geisterzimmer weg und die Treppe hinunter, um auf die Straße zu eilen. Im Treppenhaus begegnete mir eine Frau, die wie eine Spanierin, Peruanerin oder Kreolin aussah und etwelche bleiche, welke Majestät zur Schau trug.

Soviel ich mich erinnere, befand ich mich, als ich auf die offene, helle Straße trat, in romantisch-abenteuerlicher Gemütsverfassung, die mich beglückte. Die Morgenwelt, die sich vor mir ausbreitete, erschien mir so schön, als sehe ich sie zum erstenmal. Alles, was ich erblickte, machte mir den angenehmen Eindruck der Freundlichkeit, Güte und Jugend. Rasch vergaß ich, daß ich oben in meiner Stube soeben noch düster über ein leeres Blatt Papier hingebrütet hatte. Trauer, Schmerz und alle schweren Gedanken waren wie verschwunden, obschon ich einen gewissen Ernst noch vor und hinter mir lebhaft spürte.

Freudig war ich auf alles gespannt, was mir etwa begegnen oder entgegentreten könnte. Meine Schritte waren gemessen und ruhig. Indem ich meines Weges ging, ließ ich, so viel ich weiß, ziemlich viel würdevolles Wesen sehen. Meine Empfindungen liebe ich vor den Augen der Mitmenschen zu verbergen, ohne mich deswegen ängstlich zu bemühen, was ich für einen Fehler halten würde.

Noch nicht zwanzig Schritte weit war ich über einen breiten, menschenbelebten Platz gegangen, als mir Herr Professor Meili, eine Kapazität ersten Ranges, leicht begegnete.

Wie die unumstürzliche Autorität schritt Herr Meili ernst, feierlich, hoheitsvoll daher. In der Hand trug er einen unbeugsamen, wissenschaftlichen Spazierstock, der mir Grauen, Ehrfurcht und Respekt einflößte. Meilis Nase war eine scharfe, gebieterische, strenge, harte Habichts- oder Adlernase. Der Mund war juristisch zugeklemmt und zugekniffen. Des berühmten Gelehrten Gangart glich einem ehernen Gesetz. Aus Professor Meilis ernsten, hinter buschigen Augenbrauen verborgenen Augen blitzten Weltgeschichte und Abglanz von längst vorbeigegangenen heroischen Taten hervor. Sein Hut glich einem unabsetzbaren Herrscher. Im ganzen genommen betrug sich jedoch Herr Professor Meili ganz milde, so, als habe er in keiner Hinsicht nötig, merken zu lassen, welche Summe von Macht und Gewicht er personifiziere. Da ich mir sagen durfte, daß diejenigen, die nicht auf süße Art lächeln, immerhin ehrlich und zuverlässig sind, so erschien er mir trotz aller Unerbittlichkeit sympathisch. Gibt es ja bekanntlich Leute, die ihre Untaten ausgezeichnet hinter gewinnendem, verbindlichem Benehmen zu verstecken wissen.

Ich wittere einen Buchladen samt Buchhändler, ebenso will bald, wie ich ahne und merke, eine Bäckerei mit Goldbuchstaben zur Geltung kommen. Vorher hätte ich aber einen Pfarrer zu erwähnen. Mit freundlichem Gesicht fährt ein radfahrender, fahrradelnder Stadtchemiker dicht am Spaziergänger vorüber, ebenso ein Stabs- oder Regimentsarzt. Nicht unaufgezeichnet darf bleiben ein bescheidener Fußgänger, nämlich ein reich gewordener Althändler und Lumpensammler. Zu beachten ist, wie Buben und Mädchen frei und ungezügelt im Sonnenlicht umherjagen.

»Man lasse sie ruhig ungezügelt, denn das Alter wird sie leider Gottes einst noch früh genug schrecken und zügeln«, denke ich.

Am Brunnenwasser erlabt sich ein Hund, in blauer Luft zwitschern Schwalben. Ein bis zwei Damen in verblüffend kurzen Röcken und überraschend hohen, engen, feinen, eleganten, zarten, farbigen Stiefelchen machen sich so gut bemerkbar, wie irgend etwas anderes. Ferner fallen zwei Sommer- oder Strohhüte auf. Die Geschichte mit den Herrenstrohhüten ist die: in der hellen Luft sehe ich nämlich plötzlich zwei entzückende Hüte; unter den Hüten stehen zwei bessere Herren, die einander mittels kühnen, schönen, artigen Hutschwenkens guten Morgen bieten zu wollen scheinen, was eine Veranstaltung ist, wobei die Hüte sichtlich wichtiger sind als ihre Träger und Besitzer. Man möchte jedoch den Herrn Verfasser sehr ergeben gebeten haben, sich vor Witzen wie sonstigen Überflüssigkeiten ein wenig in acht zu nehmen. Hoffentlich hat er dies ein für allemal verstanden.

Da mir eine stattliche Buchhandlung überaus angenehm auffiel, ich Lust spürte, ihr einen flüchtigen Besuch abzustatten, so zögerte ich nicht, mit bester Manier einzutreten, wobei ich freilich dachte, daß ich womöglich eher als strenger Bücher-Revisor, Inspektor, Neuigkeitensammler, feiner Kenner, wie als gern gesehener, beliebter reicher Einkäufer oder guter Kunde in Frage kommen könne.

Mit höflicher, durchaus vorsichtiger Stimme erkundigte ich mich in begreiflicherweise gewähltesten Ausdrücken nach dem Neuesten und Besten auf dem Gebiete schöner Literatur.

»Darf ich«, fragte ich schüchtern, »Gediegenstes, Ernsthaftestes, mithin selbstverständlich Meistgelesenes wie raschest Anerkanntes und Gekauftes kennen und augenblicklich hochschätzen lernen? Sie würden mich zu ungewöhnlich hohem Dank verbinden, wenn Sie die Gefälligkeit haben wollten, mir gütig das Buch vorzulegen, das, wie ja sicher niemand so genau wissen wird wie Sie, beim lesenden Publikum sowohl, wie bei gefürchteter, daher wohl auch umschmeichelter Kritik die höchste Gunst gefunden hat und ferner munter findet.

In der Tat interessiert mich ungemein, erfahren zu dürfen, welches von allen hier aufgestapelten oder zur Schau gestellten Werken der Feder dieses fragliche Lieblingsbuch ist, dessen Anblick mich ja sehr wahrscheinlich zum sofortigen, freudigen, begeisterten Käufer machen wird. Das Verlangen, den bevorzugten Schriftsteller der gebildeten Welt und sein allseitig bewundertes, stürmisch beklatschtes Meisterwerk vor mir sehen und wie gesagt, vermutlich auch kaufen zu können, rieselt mir durch sämtliche Glieder.

Dürfte ich Sie höflich und so lebhaft wie möglich bitten, mir solches erfolgreichste Buch zu zeigen, damit die Begierde, die sich meiner bemächtigt hat, sich zufrieden geben und aufhören mag, mich zu beunruhigen?«

»Sehr gern«, sagte der Buchhändler.

Wie ein Pfeil verschwand er aus dem Gesichtskreis, um jedoch schon im nächsten Augenblick wieder, und zwar mit dem meistgekauften und gelesenen Buch von wirklich bleibendem Wert in der Hand, zum begierigen Interessenten zurückzukehren.

Das kostbare Geistesprodukt trug er so sorgfältig und feierlich, als trage er eine heiligmachende Reliquie. Sein Gesicht war verzückt; die Miene strahlte höchste Ehrfurcht aus. Mit einem Lächeln auf den Lippen, wie man es nur bei Innigstdurchdrungenen findet, legte er mir auf die gewinnendste Art vor, was er eilig daherbrachte. Ich betrachtete das Buch scharf und fragte:

»Können Sie schwören, daß dies das weitverbreitetste Buch des Jahres ist?«

»Ohne Zweifel.«

»Können Sie behaupten, daß dies das Buch sei, das man absolut gelesen haben muß?«
»Unbedingt.«
»Ist das Buch wirklich gut?«
»Gänzlich überflüssige, durchaus unstatthafte Frage!«
»Dann danke ich Ihnen recht herzlich«, sagte ich kaltblütig, ließ das Buch, das die fraglos weiteste Verbreitung gefunden hatte, weil jedermann es unbedingt gelesen haben mußte, lieber ruhig liegen, wo es lag und entfernte mich ohne weiteres, d. h. denkbar geräuschlos.
»Ungebildeter, unwissender Mensch!« rief mir freilich der Verkäufer in berechtigtem Verdruß nach. Indem ich ihn jedoch reden ließ, ging ich gemütlich weiter und zwar, wie ich sogleich verständlich machen und eingehend auseinandersetzen werde, in die nächstgelegene imposante Bankanstalt.
Wo ich nämlich vorsprechen zu müssen meinte, um über gewisse Wertpapiere zuverlässigen Aufschluß zu erhalten.
»Im Vorbeigehen rasch in ein Geldinstitut hineinzuspringen«, sagte ich zu mir selber, »um über Finanzangelegenheiten zu verhandeln und Fragen vorzubringen, die man nur flüsternd vorträgt, ist hübsch und nimmt sich zweifellos überaus gut aus.«
»Es ist gut und trifft sich prächtig, daß Sie persönlich zu uns kommen«, sagte mir der am Schalter schaltende verantwortliche Beamte in freundlicher Tonart. Fast schalkhaft, jedenfalls aber sehr angenehm lächelnd, fügte er folgendes hinzu:
»Soeben wollten wir uns nämlich brieflich an Sie wenden, um Ihnen, was nun mündlich geschieht, die für Sie ohne Frage erfreuliche Mitteilung zu machen, daß wir Sie aus Auftrag eines Vereines oder Kreises von Ihnen offenbar

holdgesinnten, gutherzigen, menschenfreundlichen Frauen
                    mit Franken Eintausend
weniger belastet, wie vielmehr, was Ihnen gewiß wesentlich willkommener sein dürfte, bestens kreditiert haben, wovon Sie so gut sein wollen, gefällig prompt im Kopf, oder wo es Ihnen sonst paßt, Notiz zu nehmen. Die Eröffnung wird Ihnen lieb sein, denn Sie machen uns, offen gestanden, den Eindruck, der uns mit, wie wir uns erlauben möchten zu sagen, fast nur schon allzu großer Deutlichkeit sagt, daß Sie Fürsorge delikater Natur womöglich geradezu bedenklich nötig haben.

Das Geld steht von heute ab zu Ihrer Verfügung.

Über Ihre Gesichtszüge breitet sich in diesem Augenblick eine merklich starke Fröhlichkeit aus. Ihre Augen leuchten. Ihr Mund, womit Sie vielleicht schon lange Zeit nicht mehr lachten, weil zudringliche, tägliche Sorgen, folglich trübe Laune und allerlei finstere Gedanken Ihnen dies verboten haben, besitzt jetzt entschieden etwas Lächelndes. Ihre bisher umdüsterte Stirne sieht durchaus heiter aus.

Sie können sich immerhin die Hände reiben und froh sein, daß einige edle, liebenswürdige Wohltäterinnen, durch den erhabenen Gedanken bewogen, daß Not lindern schön und Leid eindämmen gut sei, einen armen, erfolglosen Dichter unterstützt wissen wollten.

Zur Tatsache, daß sich Menschen fanden, die sich herablassen mochten, sich Ihrer zu erinnern, wie zum Umstand, daß glücklicherweise Leute vorhanden sind, die sich über des offenbar vielfach mißachteten Dichters Existenz keinesfalls gleichgültig hinwegzusetzen vermögen, gratuliert man Ihnen.«

»Die mir von gütigen Frauen- oder, wie ich beinahe gesagt hätte, Feenhänden unvermutet gespendete Geldsumme«, sagte ich, »lasse ich ruhig bei Ihnen liegen, wo sie gewiß am besten aufgehoben ist, da Sie über feuerfeste, diebssichere Kassenschränke verfügen, worin Schätze vor jedweder Vernichtung oder jeglichem Untergang sorgsam bewahrt zu sein scheinen. Überdies zahlen Sie ja Zinsen, nicht wahr. Darf ich übrigens höflich um Empfangschein bitten?

Jederzeit von der großen Summe nach Belieben kleinere Summen abzuheben, wird mir, wie ich mir vorstelle, völlig freigestellt sein.

Da ich sparsam bin, so werde ich mit der Gabe wie ein zielbewußter, solider Mann umzugehen wissen. Freundlichen Geberinnen werde ich in einem artigen, besonnenen Schreiben den erforderlichen Dank abzustatten haben, was ich morgen früh besorgen will, damit es nicht durch Aufschieben vergessen wird.

Ihre vorhin, wenn immerhin vorsichtig, so doch offen geäußerte Annahme, daß ich arm sei, mag auf richtiger, durchaus kluger Beobachtung beruhen. Daß ich weiß, was ich weiß, und daß ich selbst über meine bescheidene Person jederzeit bestens unterrichtet bin, genügt jedoch vollkommen. Vielmals trügt der Schein, und irgend einen Menschen beurteilen zu können, wird diesem am allerbesten selbst gelingen, weil sicherlich niemand einen Mann, der allerlei erfahren hat, besser kennen kann als er selber.

Zu Zeiten irrte ich freilich im Nebel und in tausend Verlegenheiten herum, indem ich mich schwanken und öfters jämmerlich verlassen sah. Doch denke ich, daß kämpfen nur schön sei. Nicht auf Freuden und Vergnügen mag ein redlicher Mann stolz sein. Vielmehr können ihn im Grund der Seele nur tapfer überstandene Anstrengungen, geduldig ausgehaltene Entbehrungen stolz und froh machen. Hierüber verschwendet man jedoch nur ungern Worte.

Wo lebte der Mann, der im Leben niemals hilflos war? Welches menschlichen Wesens Hoffnungen, Pläne, Träume sind im Lauf der Jahre gänzlich unzerstört geblieben? Wann gab es je eine Seele, die sich von der Summe kühnen Sehnens, hoher, süßer Glückesvorstellungen ganz und gar nichts hat abziehen lassen müssen?«

Quittung über eintausend Franken wurden unserem soliden Geldeinleger und Konto-Korrent-Menschen aus- und eingehändigt, worauf er sich empfehlen sowohl wie entfernen durfte.

Von Herzen froh über das mir so zauberhaft, wie aus blauem Himmel zugeflogene Kapital-Vermögen lief ich aus hohem Kassaraum fort an die freie Luft hinaus, um weiter zu spazieren.

Da mir im Augenblick Neues und Gescheites nicht einfallen will, so darf ich hoffentlich anfügen, daß ich in der Tasche eine Einladekarte mittrug, die mich sehr ergeben aufforderte, punkt halb ein Uhr jedenfalls bei Frau Aebi zum bescheidenen Mittagessen erscheinen zu wollen. Ich nahm mir durchaus fest vor, schätzenswerter Aufforderung zu gehorchen und bei fraglicher Person zur angegebenen Zeit pünktlich aufzutauchen.

Indem du dir, lieber Leser, die Mühe nimmst, mit dem Erfinder und Schreiber dieser Zeilen sorgfältig vorwärts in die helle, gute Morgenluft hinauszumarschieren, nicht eilig und hastig, sondern lieber nur ganz säuberlich, behaglich, sachlich, bedächtig, glatt und ruhig, gelangen wir beide vor bereits angemerkte Bäckerei mit prahlender Goldinschrift, wo wir entsetzt stehen bleiben, weil wir uns bewogen fühlen, über gröbliche Protzerei und damit aufs engste verbundene Verunstaltung allerliebsten Landschaftsbildes hochgradig betrübt wie aufrichtig erstaunt zu sein.

Spontan rief ich aus: »Ziemlich entrüstet bei Gott, darf man angesichts solcher goldenen Firmeninschrift-Barbareien sein, die ringsumliegender Ländlichkeit ein Gepräge von Habsucht, Geldgier, elender Seelenverrohung aufdrücken. Hat ein Bäckermeister wirklich nötig, so großartig aufzutreten, mit törichter Ankündigung in der Sonne zu strahlen und glitzern, wie eine putzsüchtige zweifelhafte Dame? Backe und knete er doch sein Brot in ehrlicher, vernünftiger Bescheidenheit. In was für Schwindelzuständen fangen wir an zu leben, wenn von Gemeinden, Nachbarschaft, Behörden und öffentlicher Meinung nicht nur geduldet, sondern unglücklicherweise offenbar noch gepriesen wird, was jeden Sinn für Gefälligkeit, jeden Schönheits- und Biedersinn beleidigt, was krankhaft großtut, sich ein lächerliches, klägliches Lumpenansehen verleihen zu sollen glaubt, das auf hundert Meter in die gute Luft hinausschreit: »Der und der bin ich! Habe soundsoviel Geld und nehme mir heraus, unangenehm aufzufallen. Zwar bin ich mit meinem häßlichen Prunken sicherlich ein Lümmel, Tölpel, geschmackarmer Kerl. Doch wird mir kaum irgendwer zu verbieten haben, tölpelhaft zu sein.

Stehen weithinleuchtende, abscheulich prahlende Goldbuchstaben in irgendwelchem annehmbaren, ehrlich gerechtfertigtem Verhältnis oder in irgendeiner gesunden verwandtschaftlichen Beziehung zu – – Brot? Mit nichten. Prahlerei, Großtuerei haben aber eben irgendwo angefangen und gleich beklagenswürdiger Überschwemmung Fortschritte um Fortschritte gemacht, indem sie Torheit und Unrat mit sich rissen. Auch den ehrsamen Bäckermeister haben sie ergriffen, um ihm seinen bisherigen guten Geschmack zu verderben, die angeborene Sittsamkeit zu unterwühlen. Ich gäbe wahrscheinlich das linke Bein oder den linken Arm hin, wenn ich durch solcherlei Opfer den alten feinen Sinn für Gediegenheit, die alte, gute, edle Genügsamkeit wieder herbeiführen helfen, Land und Leuten jene Bescheidenheit und Ehrsamkeit wieder zurückgeben könnte, die zum Bedauern eines jeden, der es ehrlich meint, sicher vielfach verloren gingen.

Die miserable Sucht, mehr zu scheinen als was man ist, soll der Teufel holen, denn das ist eine wahre Katastrophe. Dieses und ähnliches verbreitet Kriegsgefahr, Tod, Elend, Haß, Verunglimpfungen auf der Erde und setzt allem, was existiert, eine verwünschenswerte Maske von Bosheit, abscheulichem Egoismus auf. So soll mir doch ein Handwerker kein Monsieur und eine einfache Frau keine Madame sein. Aber heute will alles blenden, glitzernd neu, fein und schön und nobel und hochelegant und Monsieur sein und Madame sein, daß es beinahe eine Schande ist. Doch kann immer wieder eine Zeit kommen, wo es nochmals anders sein wird. Ich will es hoffen.«

Punkto herrenhaften Auftretens, hochherrschaftlichen Gebarens werde ich mich übrigens, wie man erfahren wird, alsbald selber beim Ohr zu nehmen haben. Auf was für eine Art wird sich zeigen. Durchaus unschön wäre, wenn ich andere schonungslos kritisieren, mich selbst jedoch so zart und schonungsvoll wie möglich behandeln wollte. Meiner Meinung nach soll mit der Schriftstellerei nicht Mißbrauch getrieben werden, was ein Satz ist, der allgemeines Gefallen hervorrufen, warmen Beifall finden und lebhafte Genugtuung erwecken dürfte.

Eine Arbeiter gefüllte Metallgießerei verursacht hier links vom Landschaftsweg auffälliges Getöse. Bei dieser Gelegenheit schäme ich mich aufrichtig, daß ich nur so spaziere, wo viele Andere schuften und schaffen. Allerdings schufte und arbeite dann ich vielleicht zu einer Stunde, wo alle diese fleißigen Arbeiter ihrerseits Feierabend haben und ausruhen.

Beiläufig ruft mir ein Monteur zu: »Du spazierst wieder einmal, wie mir scheint, am hellen Werktag.« Lachend grüße ich ihn und gebe mit Freuden zu, daß er recht hat.

Ohne mich im geringsten über das Ertapptwordensein zu ärgern, was ganz dumm gewesen wäre, spazierte ich fröhlich weiter.

In meinem hellgelben, geschenkt bekommenen Engländer-Anzug kam ich mir nämlich, wie ich offen gestehe, etwa wie ein Lord, Grandseigneur, im Park auf- und abspazierender Marquis vor, obschon ich mich nur auf der Landstraße, in einer halb ländlichen, halb vorstadthaften, schlichten, lieben, bescheidenen und kleinlichen Armutgegend erging, und durchaus nicht in einem Park, wie ich mir soeben anzudeuten anmaßte, was ich sachte wieder zurückziehe, da alles Parkhafte lediglich aus der Luft gegriffen ist und hierher keineswegs paßt.

Kleinere und größere Fabriken und mechanische Werkstätten lagen beliebig im Grünen verstreut. Fette, warme Landwirtschaft gab hier herum klopfender, hämmernder Industrie, die stets etwas Mageres, Abgearbeitetes an sich hat, gleichsam freundschaftlich den Arm, Nuß-, Kirsch- und Pflaumenbäume gaben dem weichen, rundlichen Weg etwas Anziehendes, Unterhaltsames und Zierliches.

Quer auf der Straße, die ich an und für sich schön fand und liebte, lag ein Hund. Das meiste, was ich nach und nach sah, liebte ich überhaupt augenblicklich feurig. Eine zweite hübsche Hundeszene war folgende:

Ein großer, doch drolliger, harmloser, humorvoller Kerl

von Hund starrte still einen Knirps von Knaben an, der auf einer Haustreppe kauerte und wegen der Aufmerksamkeit, die ihm das, wenngleich überaus gutmütige, doch sicher ein wenig schreckhaft aussehende Tier schenkte, ein kindisches Angstgeheul veranstaltete. Den Auftritt fand ich entzückend. Einen weitern Kinderauftritt im kleinen Alltag- oder Landstraßentheater fand ich noch netter und entzückender.

Auf der ziemlich staubigen Straße lagen zwei Kinderchen wie in einem Garten. Das eine Kind sagte zum andern: »Gib mir ein liebes Küßchen.« Das andere Kind gehorchte. Daraufhin sagte das erstere zu ihm: »So. Jetzt darfst du vom Boden aufstehen.« Es würde ihm höchst wahrscheinlich ohne süßes Küßchen nicht erlaubt haben, was es ihm nun gestattete.

»Wie paßt diese naive Szene zum blauen Himmel, der auf die helle, frohe Erde so göttlich schön herunterlacht«, rief ich aus und hielt folgende kurze, aber ernste Rede:

»Kinder sind himmlisch, weil sie immer wie in einer Art von Himmel sind. Wenn sie älter werden, so schwindet ihnen der Himmel. Sie fallen dann aus der Kindlichkeit in das trockene, langweilige, berechnende Wesen und in die nutzhaften, hochanständigen Anschauungen der Erwachsenen. Für Kinder von armen Leuten ist die sommerliche Landstraße wie ein Spielzimmer. Wo sollen sie sonst sein, da ihnen die Gärten eigennützig versperrt sind? Wehe daherfahrenden Automobilen, die kalt und bös in das Kinderspiel, in den kindlichen Himmel hineinfahren, kleine, unschuldige, menschliche Wesen in Gefahr bringen, zermalmt zu werden. Den schrecklichen Gedanken, daß ein Kind von solch plumpem Triumphwagen tatsächlich überfahren wird, will ich von mir werfen, da mich sonst der Zorn zu groben Ausdrücken verleitete, womit man ja bekanntlich nie viel ausrichtet.«

Leuten, die in sausendem Automobil sitzen, zeige ich stets ein hartes Gesicht. Sie denken dann, daß ich ein von hoher Obrigkeit beauftragter scharfer, bösartiger Aufpasser und Polizist in Zivil sei, der aufs Fahren aufpaßt, sich die Nummer des Fahrzeuges merkt, um selbige später gegebenen Ortes zu hinterbringen. Finster schaue ich auf die Räder, auf das Ganze, nie jedoch auf die Insassen, die ich, zwar keineswegs persönlich, aber rein grundsätzlich verachte, da ich nimmermehr begreife, wie man es ein Vergnügen nennen kann, so an allen Gebilden, Gegenständen, die unsere schöne Erde aufweist, vorüberzurasen, als sei man toll geworden und müsse rennen, um nicht zu verzweifeln.

In der Tat liebe ich alles Ruhige und Ruhende, Sparsamkeit und Mäßigkeit und bin allem Gehast und Gehetz im tiefsten Innern abhold. Mehr als in Gottes Namen wahr ist, brauche ich nicht zu sagen, und wegen soeben ausgesprochener Worte wird vieles lästige Automobilgesurr nebst luftverderbendem, üblen Geruch, den unmöglich jemand lieben und hochschätzen kann, sicherlich nicht mit einmal aufhören. Was fraglichen Wohlgeruch betrifft, so wäre widernatürlich, wenn irgend jemandes Nase denselben mit Freuden einzöge, was aber kaum je der Fall gewesen sein wird. Schluß und nichts für ungut, und nun weiter spaziert. Entzückend schön und uralt gut und einfach ist es ja, zu Fuß zu gehen, wobei anzunehmen sein wird, daß Schuhwerk und Stiefelzeug in Ordnung seien.

Werden mir sehr geehrte Herrschaften, Gönner- und Leserschaften, indem sie derlei feierlichen, hochdaherstolzierenden Stil wohlwollend hinnehmen und entschuldigen, nunmehr gütig erlauben, dieselben auf zwei besonders bedeutende Figuren, Personen oder Gestalten, nämlich erstlich oder besser erstens auf eine vermeintliche gewesene Schauspielerin und zweitens auf die jugendlichste vermutliche angehende Sängerin gebührend aufmerksam zu machen?

Ich halte diese zwei Leute für denkbar wichtig und habe sie daher zum voraus schon, bevor sie in Wirklichkeit auftreten und figurieren werden, ordentlich anmelden zu sollen geglaubt, damit beiden zarten Geschöpfen ein Geruch von Bedeutsamkeit und Ruhm vorauseile und sie bei ihrem Erscheinen mit all der Achtsamkeit und sorgfältigen Liebe empfangen und angeschaut werden können, womit man meiner geringfügigen Meinung nach solcherlei Wesen fast notwendigerweise auszeichnen muß.

Gegen halb ein Uhr wird ja dann der Verfasser bekanntermaßen, zum Lohn für überstandene vielfache Strapazen, im Palazzo oder Haus der Frau Aebi schwelgen, speisen und essen. Bis dahin wird er indessen sowohl noch beträchtliche Strecken Weges zurückzulegen, wie manche Zeile zu schreiben haben. Doch weiß man ja zur Genüge, daß er ebenso gern spaziert als schreibt, letzteres allerdings vielleicht nur eine Nüance weniger gern wie ersteres.

Vor einem hübschen, bildsaubern Hause saß auf einer Bank, hart an der Straße, eine Frau, und kaum hatte ich sie erblickt, so erkühnte ich mich, sie anzusprechen, indem ich unter möglichst artigen Wendungen Folgendes vorbrachte:

»Verzeihen Sie einem Ihnen völlig unbekannten Menschen, dem sich bei Ihrem Anblick die eifrige und sicherlich dreiste Frage auf die Lippe drängt, ob Sie nicht ehemals Schauspielerin gewesen seien. Sie sehen nämlich ganz und gar wie eine einstmals gefeierte, große Bühnenkünstlerin aus. Gewiß wundern Sie sich mit größtem Recht über die so verblüffend waghalsige, kecke Anrede. Doch haben Sie ein so schönes Gesicht, ein so gefälliges, und wie ich beifügen möchte, interessantes Aussehen, zeigen eine so gute Figur, schauen so grad, groß, ruhig vor sich hin, auf mich, wie überhaupt in die Welt hinein, daß ich mich unmöglich habe zwingen können, an Ihnen vorüber zu gehen, ohne gewagt zu haben, Ihnen irgend etwas Schmeichelhaftes zu sagen, was Sie mir hoffentlich nicht übel nehmen werden, obschon ich fürchten muß, daß ich wegen meiner Leichtfertigkeit, wenn nicht Strafe, so doch Mißbilligung verdiene.

Als ich Sie sah, kam ich ohne weiteres auf den Einfall, der mir sagte, daß Sie Schauspielerin gewesen sein müßten, und heute sitzen Sie nun hier an der einfachen Landstraße, vor dem kleinen, netten Laden, als dessen Inhaberin Sie mir vorkommen.

Wahrscheinlich sind Sie bis heute nie so ohne alle Umstände angeredet worden. Ihr anmutiges Äußeres, schöne Erscheinung, liebenswürdige Ruhe, bei vorgerücktem Alter feine, edle, muntere Gestalt ermutigten mich, auf offener Straße ein Gespräch mit Ihnen anzufangen. Auch hat der schöne Tag, dessen Freiheit und Heiterkeit mich beglücken, eine Fröhlichkeit in mir angezündet, womit ich vielleicht unbekannter Dame gegenüber etwas zu weit gegangen bin.

Sie lächeln! Dann sind Sie also über die ungezwungene Sprache, die ich führe, keineswegs böse. Mich dünkt herrlich, daß dann und wann zwei Menschen, die sich weiter gar nicht kennen, frei und zutraulich miteinander reden, wozu wir Bewohner dieses irrenden Planeten, der uns ein Rätsel ist, schließlich Mund und Zunge und sprachliche Fähigkeit haben, welch letztere an und für sich schon einzig schön ist.

Jedenfalls haben Sie mir sogleich herzlich gut gefallen.

Könnte solches offenes Geständnis Sie veranlassen, mir zu zürnen?«

»Vielmehr muß es mich freuen«, sagte die schöne Frau heiter, »doch in bezug auf Ihre Vermutung muß ich Ihnen eine Enttäuschung bereiten. Ich bin nie Schauspielerin gewesen.«

Worauf ich sagte: »Ich bin vor einiger Zeit aus kalten ungünstigen Verhältnissen, ohne jegliche Zuversicht, ohne Glauben, krank im Innern, gänzlich ohne Zutrauen hieher gekommen. Mit der Welt und mit mir selber war ich verfeindet, entfremdet. Mißtrauen und Ängstlichkeit begleiteten jeden meiner Schritte. Stück um Stück verlor ich dann das traurige, aus allerlei Beengung stammende unedle Vorurteil, atmete wieder leichter, ruhiger und freier, und wurde nach und nach wieder ein wärmerer, schönerer, glücklicherer Mensch. Vielerlei Befürchtungen sah ich verschwinden; Mangel an Hoffnung und alle Unsicherheit, die ich mit mir zu schleppen gehabt hatte, verwandelten sich allgemach in heitere Befriedigung und lebhaften, angenehmen Anteil, die ich von neuem fühlen lernte. Ich war wie tot; jetzt aber ist mir, als wenn ich gehoben, gefördert, oder nur eben erst aus dem Grabe aufgestanden und wieder lebendig geworden sei. Wo ich viel Unschönes, Beunruhigendes, Hartes erfahren zu müssen geglaubt habe, treffe ich Liebreiz und Güte an und finde alles erdenkliche Ruhige, Tröstende, Erbauliche und Gute.«

»Um so besser«, sagte die Frau mit freundlicher Miene und Stimme.

Da mir der Augenblick gekommen zu sein schien, die ziemlich mutwillig begonnene Unterhaltung zu beendigen und mich zu entfernen, so grüßte ich die Frau mit, wie ich sagen darf, ausgesuchter, sehr sorgfältiger Höflichkeit, indem ich mich respektvoll vor ihr verneigte und ging, wie wenn sich nicht das mindeste ereignet hätte, friedlich weiter.

Eine bescheidene Frage: Sollte vielleicht nachgerade für ein zierliches Putzgeschäft unter Baumgrün hervorragendes Interesse und womöglich etlicher Applaus spärlich vorhanden sein?

Da ich stark hieran glaube, so wage ich mitzuteilen, daß ich im Gehen und Voranmarschieren auf dem schönsten aller Wege einen jünglinghaften, albernen Freudenschrei aus einer Kehle ausstieß, die solches und ähnliches selber kaum für möglich hielt.

Was sah und entdeckte ich Neues und Unerhörtes? Ei, ganz einfach besagtes, allerliebstes, zartes Putzgeschäft und Modesalon.

Paris und Petersburg, Bukarest und Mailand, London und Berlin, alles, was elegant, liederlich und hauptstädtisch ist, trat mir nah, tauchte vor mir auf, um mich zu blenden, berücken, faszinieren. Aber in Haupt- und Weltstädten fehlt der grüne, sanfte Baumschmuck, die Wohltat und der Zauber freundlicher Wiesen, die Zierde von vielen lieben Blättern und nicht zuletzt der Blumenduft, und alles dies hatte ich hier.

»Dies alles«, so nahm ich mir fest vor, »zeichne und schreibe ich demnächst in ein Stück oder in eine Art Phantasie hinein, die ich ›Der Spaziergang‹ betiteln werde. Namentlich darf mir dieser Damenhutladen keinesfalls darin fehlen, weil sonst dem Stück ein wahrhaft hoher Reiz abgehen würde.«

Federn, Bänder, künstliche Blumen und Früchte auf den netten, drolligen Hüten waren für mich fast ebenso anziehend wie die anheimelnde Natur selber, die mit ihrem Grün und sonstigen warmen Farben die künstlichen Farben und Phantasieformen lieblich umrahmte, so, als sei das Putzgeschäft bloß ein reizendes Gemälde. Ich rechne hiebei mit dem feinsten Leserverständnis. Vor jeder Art Lesern fürchte ich mich aufrichtig und beständig. Das elende Feiglingseingeständnis halte ich für nur zu begreiflich. Noch allen kühneren Autoren ging es so.

Gott! was erblickte ich, ebenfalls unter Blättern, für einen entzückenden, niedlichen Fleischladen mit rosaroten Schweine-, Rind- und Kalbfleischwaren. Der Metzger hantierte drinnen im Ladeninnern, woselbst auch Käufer standen. Ist nicht dieser Metzgerladen mindestens ebenso gut einen Schrei wert, wie der Laden mit den Hüten?

Ein Spezereiladen sei sanft genannt.

Zu allerlei Wirtschaften werde ich, wie mir scheint, später noch früh genug kommen. Mit Wirtshäusern kann man zweifellos nicht spät genug am Tag anfangen, da sich Folgen einstellen, die jeder leider selber zur Genüge kennt. Der Tugendhafteste bestreitet nicht, daß er gewisser Untugenden nie ganz Herr wird. Bei all dem ist man ja glücklicherweise – Mensch, und als solcher fabelhaft leicht zu entschuldigen, indem sich jedermann furchtbar einfach auf die angeborene schwache Organisation beruft.

Hier habe ich mich wieder einmal neu zu orientieren.

Ich darf wohl voraussetzen, daß mir Neueinrichtung und Umgruppierung so gut gelingen wie irgend einem Generalfeldmarschall, der alle Umstände überblickt und alle Zufälligkeiten, Rückschläge in das Netz seiner, wie mir gestattet sei zu sagen, genialen Berechnung zieht.

Derlei liest ein fleißiger Mensch gegenwärtig nämlich in Tageblättern täglich. Ohne Frage merkt er sich Prachtausdrücke, wie: Flankenstoß usw.

Darf ich gestehen, ich sei in letzter Zeit zur Überzeugung gekommen, daß Kriegskunst ebenso schwierig und geduldheischend sein mag wie Dichtkunst, und umgekehrt?

Auch Schriftsteller treffen oft ähnlich wie Generäle langwierigste Vorbereitungen, bevor sie zum Angriff zu schreiten und eine Schlacht zu liefern, mit andern Worten ein Buch oder Kunst- und Machwerk auf den Büchermarkt zu schleudern wagen, was mitunter gewaltige Gegenangriffe mächtig herausfordert. Bekanntlich locken Bücher allfällige diesbezügliche Besprechungen hervor, die manchmal so grimmig ausfallen, daß das Buch unverzüglich verschwinden muß, während offenbar der bedauerliche, arme, nichtswürdige Verfasser jämmerlich erstickt und zweifellos verzweifelt.

Befremden darf nicht, wenn ich sage, daß ich alle diese hoffentlich zierlichen Sätze, Buchstaben und Zeilen mit deutscher Reichsgerichtsfeder schreibe. Daher die Kürze, Prägnanz und Schärfe, die vielleicht an einigen Stellen zu spüren sein kann, worüber sich niemand weiter wundere.

Aber wann komme ich endlich zum wohlverdienten Schmaus bei meiner Frau Aebi? Wie ich fürchte, wird dies noch ziemlich lange dauern, da noch etliche und erkleckliche Hindernisse wegzuräumen sind. Appetit hätte ich längst in Hülle und Fülle.

Indem ich wie ein besserer Strolch, feinerer Vagabund, Tagedieb, Zeitverschwender oder Landstreicher des Weges ging, neben allerlei mit zufriedenem Gemüse vollbepflanzten, behaglichen Gärten vorbei, neben Blumen und Blumenduft vorbei, neben Obstbäumen und Bohnenbüschen voll Bohnen vorbei, neben hochaufragendem, reizendem Getreide, wie Roggen, Hafer und Weizen vorbei, neben einem Holzplatz mit Hölzern und Holzspänen vorbei, neben saftigem Gras und artig plätscherndem Wässerchen, Fluß oder Bach vorbei, neben allerhand Leuten, wie lieben, handeltreibenden Marktfrauen sachte und hübsch vorbei, neben einem mit Freudenfahnen geschmückten, fröhlichen Vereinshaus ebensogut wie an manchen andern gutmütigen, nützlichen Dingen vorbei, neben einem besonders schönen Feen-Apfelbäumchen und an weiß Gott was sonst noch allem möglichen vorbei, zum Beispiel an Erdbeerblüten oder besser bereits an den reifen, roten Erdbeeren manierlich vorbei, während dessen mich immer allerlei Gedanken stark beschäftigten, weil sich beim Spazieren viele Einfälle, Lichtblitze und Blitzlichter ganz von selber einmengen und einfinden, um sorgsam verarbeitet zu werden, kam ein Mensch, ein Ungetüm und Ungeheuer mir entgegen, der mir die helle Straße fast völlig verdunkelte, ein hochaufgeschossener, unheimlicher Kerl, den ich nur allzu gut kannte, ein höchst sonderbarer Geselle, nämlich der Riese Tomzack.

An allen andern Orten, auf allen andern Wegen eher als hier auf dem lieben, weichen Landweg würde ich ihn vermutet haben. Seine traurige, schauervolle Erscheinung flößte mir Schrecken ein, und sein tragisches, ungeheuerhaftes Wesen nahm alle schöne, helle Aussicht, alle Frohheit und Freude sogleich von mir weg.

Tomzack! Nicht wahr, lieber Leser, der Name allein klingt schon nach schrecklichen, schwermütigen Dingen. »Was verfolgst du mich, was hast du nötig, mir hier mitten auf dem Wege zu begegnen?« rief ich ihm zu. Doch Tomzack gab mir keine Antwort.

Groß, das heißt von hoch oben herab schaute er mich an. Er überragte mich an Länge und Höhe um ein Bedeutendes; neben ihm kam ich mir wie ein Zwerg oder wie ein kleines, armes, schwaches Kind vor. Mit größter Leichtigkeit würde mich der Riese haben erdrücken oder zertreten können.

Ah, ich wußte, wer er war. Für ihn gab es keine Ruhe. Er schlief in keinem sanften Bett, wohnte in keinem wohnlichen, heimeligen Hause. Er hauste überall und nirgends. Heimat hatte er keine und darum auch kein Heimatrecht. Gänzlich ohne Glück, ohne Liebe, ohne Vaterland und Menschenfreude lebte er.

Irgendwelchen Anteil nahm er nicht, dafür nahm auch an ihm und seinem Treiben und Leben niemand Anteil. Vergangenheit, Gegenwart und Zukunft waren ihm eine wesenlose Wüste, und das Leben schien zu gering, zu eng für ihn zu sein. Für ihn existierte keinerlei Bedeutung; doch bedeutete wieder er selbst für niemand irgend etwas. Aus seinen Augen brach ein Glanz von Unterwelten- und Überwelten-Gram hervor, und ein unbeschreiblicher Schmerz sprach aus jeder seiner müden, schlaffen Bewegungen.

Nicht tot, doch auch nicht lebendig, nicht alt und auch nicht jung war er. Hunderttausend Jahre alt schien er mir zu sein, und ferner schien mir, daß er ewig leben müsse, um ewig nicht lebendig zu sein. Jeden Augenblick starb er und vermochte dennoch nicht zu sterben. Für ihn gab es nirgends ein Grab mit Blumen. Indem ich ihm auswich, murmelte ich für mich: »Leb' wohl und laß es dir immerhin gut gehen, Freund Tomzack.«

Ohne mich nach dem Phantom, bedauernswürdigen Übermenschen, unglücklichen Gespenste näher umzusehen, wozu ich wahrhaftig nicht die geringste Lust haben konnte, ging ich weiter und gelangte bald nachher, in weicher, warmer Luft ruhig weiterschreitend und den trüben Eindruck verwindend, den die fremdartige Riesengestalt auf mich gemacht hatte, in einen Tannenwald, durch den sich ein gleichsam lächelnder, schelmisch-anmutiger Weg schlängelte, den ich mit Vergnügen verfolgte.

Weg und Waldboden glichen einem Teppich. Hier im Waldinnern war es still wie in einer glücklichen Menschenseele, wie in einem Tempel oder Zauberschloß und verträumten Märchenpalaste, wie im Dornröschenschloß, wo alles schläft und schweigt seit hunderten von langen Jahren. Tiefer drang ich hinein, und ich rede vielleicht ein wenig schön, wenn ich sage, daß ich mir wie ein mit goldenem Haar und kriegerischer Rüstung bedeckter Prinz erschien.

Es war so feierlich im Wald, daß köstliche Einbildungen sich wie von selber des empfindlichen Spaziergängers bemächtigten. Wie machte mich die süße Waldesstille glücklich!

Von Zeit zu Zeit drang von außen her einiger schwacher Lärm in die Abgeschiedenheit und reizende, liebe Dunkelheit hinein, etwa ein Schlag, ein Pfiff oder sonst irgend ein Geräusch, dessen ferner Schall die herrschende Geräuschlosigkeit nur noch erhöhte, die ich recht nach Herzenslust einatmete, deren Wirkung ich förmlich trank und schlürfte.

In all der Schweigsamkeit ließ da und dort ein Vogel aus liebreizendem, heiligem Verborgenen seine heitere Stimme vernehmen. Ich stand und horchte. Plötzlich befiel mich ein unnennbares Weltempfinden und ein damit verbundenes, gewaltsam aus freudiger Seele hervorbrechendes Dankbarkeitsgefühl. Die Tannen standen wie Säulen da und nicht das geringste rührte sich im weiten, zarten Walde, den allerlei unhörbare Stimmen zu durchhallen und -klingen und allerlei sichtbar-unsichtbare Gestalten zu durchstreifen schienen. Töne aus der Vorwelt kamen, von ich weiß nicht woher, an mein Ohr.

»So will denn auch ich, wenn es sein soll, gerne sterben. Eine Erinnerung wird mich noch im Tode beleben und eine Freude mich noch im Grabe beglücken, ein Danksagen für die Genüsse und ein Entzücken über das Danksagen.«

Hohes, leises Rauschen ließ sich von hoch oben aus den Tannenwipfeln her vernehmen. »Hier mußte Lieben und Küssen göttlich schön sein«, sagte ich mir. Die bloßen Schritte auf dem Boden wurden zum Genuß. Die Ruhe zündete in der fühlenden Seele Gebete an. »Hier in kühler Walderde unauffällig begraben zu liegen, müßte süß sein. Daß man im Tode doch auch den Tod noch fühlte und genösse! Ein Grab im Wald zu haben wäre schön. Vielleicht würde ich das Vögelsingen und Rauschen über mir hören. Ich wünschte mir solches.« Herrlich fiel eine Sonnenstrahlensäule zwischen Eichenstämmen in den Wald herab, der mir wie ein grünes, liebes Grab erschien. Bald trat ich jedoch wieder ins Leben, ins helle Freie hinaus.

Es käme jetzt zur Geltung und träte hervor ein reizendes, feines Wirtshaus mit köstlichem Garten voll erquicklichem Schatten. Der Garten läge auf aussichtsreichem, niedlichem Hügel; dicht daneben stände oder läge ein künstlicher Extra-Aussichtshügel oder Rondell, wo man ziemlich lang stehen und sich über die prächtige Aussicht freuen könnte. Ein Glas Bier oder Wein wäre sicher auch nicht schlecht. Der Mensch, der hier spaziert, besinnt sich jedoch rechtzeitig, daß er sich auf keinerlei anstrengendem Ausmarsch befindet. Das mühereiche Gebirge liegt weit in bläulicher, weißumhauchter Ferne. Er gesteht ehrlich, daß sein Durst weder mordsmäßig noch heidenmäßig ist, da er bis jetzt verhältnismäßig nur kleine Strecken zurückzulegen hatte.

Handelt es sich doch hier mehr um zartes, behutsames Spazierengehen als um Wanderung und Reise, und mehr um feinen Rundgang als um Gewaltritt und -Marsch. Er verzichtet daher gerechter- so gut wie vernünftigerweise auf den Eintritt ins Lust- und Erquickungshaus und nimmt Abgang.

Alle ernsthaften Leute, die dies lesen, werden seinem schönen Entschluß und guten Willen gewiß reichen Beifall zollen. Nahm ich nicht bereits vor einer Stunde Anlaß, eine jugendliche Sängerin anzumelden? Sie tritt jetzt auf.

Und zwar an einem Fenster zu ebener Erde.

Als ich nämlich aus der Waldabschwenkung nunmehr wieder zum Hauptweg zurückkam, so hörte ich – – doch halt! und eine kleine Anstandspause gemacht.

Schriftsteller, die ihren Beruf einigermaßen verstehen, nehmen denselben möglichst ruhig. Von Zeit zu Zeit legen sie gern ein wenig die Feder aus der Hand. Anhaltendes Schreiben ermüdet wie Erdarbeit.

Was ich aus dem Fenster zu ebener Erde hörte, war der lieblichste, frischeste Volks- und Operngesang, der mir als Morgen-Ohrenschmaus und Vormittagskonzert völlig unentgeltlich in die überraschten Ohren tönte.

Am ärmlichen Vorstadtfenster stand nämlich im hellen Kleid ein junges Mädchen, das fast noch Schulmädchen und doch auch schon schlank und groß war, und in die helle Luft hinaus einfach zum Entzücken sang.

Aufs angenehmste durch den unerwarteten Gesang betroffen, blieb ich seitwärts stehen, um weder die Sängerin zu stören noch mich der Zuhörerschaft und damit des Genusses zu berauben.

Das Lied, das die Kleine sang, schien von durchaus glücklicher, freudiger Art zu sein. Die Töne klangen wie junges, unschuldiges Lebens- und Liebesglück selber; sie flogen, gleich Engelsgestalten mit schneeweißem Freudengefieder, in den blauen Himmel, aus welchem sie wieder herunterzufallen schienen, um lächelnd zu sterben. Es glich dem Sterben aus Kummer, dem Sterben vielleicht aus übergroßer Freude, einem überglücklichen Lieben und Leben, einem Nichtlebenkönnen aus überreicher, -schöner, -zarter Vorstellung vom Leben, derart, daß gewissermaßen der zärtliche, liebe- und glücküberquellende, übermütig in das Dasein drängende Gedanke sich zu überstürzen und über sich selbst zusammenzubrechen schien.

Als das Mädchen mit dem ebenso einfachen wie reizenden Gesang, Mozart- oder Hirtinnenlied zu Ende gekommen war, trat ich zu ihr hin, grüßte sie, bat sie um Erlaubnis, ihr zu der schönen Stimme gratulieren zu dürfen und machte ihr wegen ungewöhnlich seelenvollen Vortrages mein Kompliment.

Die kleine Gesangskünstlerin, die wie ein Reh oder wie eine Art Antilope in Mädchenform aussah, schaute mich mit schönen braunen Augen verwundert-fragend an. Sie hatte ein sehr feines, zartes Gesicht und lächelte einnehmend und artig.

»Ihnen«, sagte ich zu ihr, »steht, wenn Sie Ihre reiche Stimme zu pflegen und behutsam auszubilden wissen, wozu es sowohl Ihres eigenen wie des Verständnisses anderer bedarf, eine glänzende Zukunft und große Laufbahn bevor; denn Sie erscheinen mir, offen und ehrlich gestanden, wie die zukünftige große Opernsängerin selber.

Ihr Wesen ist offenbar klug; Sie selber sind sanft und schmiegsam, und falls mich meine Vermutungen nicht gänzlich trügen, so besitzen Sie eine ganz bestimmte Seelenkühnheit. Ihnen sind Feuer und offensichtlicher Herzensadel eigen; das hörte ich soeben aus dem Liede, das Sie wahrhaft schön und gut gesungen haben. Sie haben Talent, noch mehr: Sie haben Genie!

Ich rede Ihnen da durchaus nichts Leeres oder Unwahres vor. Es ist mir vielmehr darum zu tun, Sie zu bitten, auf Ihre edle Begabung sorgsam achtzugeben, sie vor Verunstaltung, Verstümmelung, vorzeitigem gedankenlosem Verbrauch und Verwahrlosung eifrig zu hüten. Einstweilig kann ich Ihnen nur aufrichtig sagen, daß Sie überaus schön singen, was etwas sehr Ernstes ist, weil es sehr viel bedeutet. Es will vor allen Dingen bedeuten, daß man Sie auffordern soll, jeden Tag fleißig weiter zu singen.

Üben und singen Sie mit klugem Maßhalten. Sie selber kennen den Umfang und die Ausdehnung des Schatzes, den Sie besitzen, ganz gewiß nicht.

In Ihrer gesanglichen Leistung tönt bereits ein hoher Grad von Natur, eine reiche Summe ahnungslosen, lebendigen Wesens und eine Fülle von Poesie und Menschlichkeit, weshalb man Ihnen die Versicherung geben zu müssen glaubt, daß Sie eine echte Sängerin zu werden in jedem Sinne versprechen. Man sagt sich, daß Sie ein Mensch sind, den es wahrhaft aus seinem Wesen heraus drängt, zu singen, der erst leben und sich des Lebens freuen zu können scheint, sobald er beginnt zu singen, alle vorhandene Lebenslust und -kraft dermaßen in die Gesangskunst hinüberleitend, daß alles menschlich und persönlich Bedeutende, alles Seelenvolle, Verständnisvolle in ein höheres Etwas, in ein Ideal hinaufsteigt.

In einem schönen Gesang ist immer ein gleichsam zusammengedrängtes und -gepreßtes Erfahren, Empfinden, eine zur Explosion fähige Ansammlung fühlenden, beengten Lebens und von bewegter Seele, und mit solcher Art von

Gesang vermag eine Frau, wenn sie sich allerlei günstige Umstände zu nutze macht, und an der Leiter zahlreicher, seltsamer Zufälligkeiten hinaufgelangt, als Stern am Himmel der Tonkunst viele Gemüter zu bewegen, große Reichtümer zu gewinnen, ein Publikum zu stürmischen, begeisterten Beifallskundgebungen hinzureißen und die Liebe und aufrichtige Bewunderung von Königen und Königinnen an sich zu ziehen.«

Ernsthaft und staunend hörte das Mädchen meinen Worten zu, die ich indessen mehr nur zu meinem eigenen Vergnügen sprach, als um von der Kleinen gewürdigt oder begriffen zu werden, wozu ihr die nötige Reife fehlte.

Von weitem sehe ich bereits einen Bahnübergang, den ich zu überschreiten haben werde; doch einstweilen bin ich noch nicht so weit. Wie man unbedingt wissen muß, habe ich vorher noch zwei bis drei wichtige Kommissionen zu besorgen, sowie einige durchaus notwendige, unumgängliche Abmachungen zu treffen. Hierüber soll so umständlich wie möglich Bericht abgelegt werden.

Man wird mir huldreich gestatten, zu bemerken, daß ich im Vorbeigehen in einem eleganten Herren-Maßgeschäft oder Schneideratelier wegen eines neuen Anzuges, den ich anprobieren oder umändern lassen muß, tunlich vorzusprechen habe.

Zweitens habe ich im Gemeindehaus oder Amtshaus schwere Steuern zu entrichten. Drittens soll ich ja einen bemerkenswerten Brief auf die Post tragen und in den Briefkasten hinabwerfen. Außerdem werde ich mir nach ziemlich langer Zeit womöglich wieder einmal die Haare schneiden lassen müssen.

Man sieht, wie viel ich zu erledigen habe, und wie dieser scheinbar bummelige, behagliche Spaziergang von praktischen, geschäftlichen Verrichtungen förmlich wimmelt. Man wird daher die Güte haben, Verzögerungen zu verzeihen, Verspätungen zu billigen und langfädige Auseinandersetzungen mit Kanzlei- und sonstigen Berufsmenschen gutzuheißen, ja vielleicht sogar als willkommene Beiträge und Beigaben zur Unterhaltung zu begrüßen. Wegen aller hieraus entstehenden Längen, Breiten und Weiten bitte ich zum voraus gebührend um gefällige Entschuldigung.

Ist je ein Provinz- und Hauptstadtautor gegenüber seinem Lesezirkel schüchterner und höflicher gewesen? Ich glaube kaum, und daher fahre ich mit äußerst ruhigem Gewissen im Erzählen und Plaudern fort und melde folgendes:

Um der tausend Gotteswillen, es ist ja höchste Zeit zu Frau Aebi zu springen, um zu dinieren oder mittag zu essen. Soeben schlägt es halb ein Uhr. Glücklicherweise wohnt mir die Dame in allernächster Nähe. Ich brauche nur glatt wie ein Aal ins Haus hineinzuschlüpfen wie in ein Schlupfloch und wie in eine Unterkunft für arme Hungrige und bedauerliche Heruntergekommene.

Meine Pünktlichkeit war ein Meisterwerk. Man weiß, wie Meisterwerke selten sind. Frau Aebi empfing mich aufs liebenswürdigste, sie lächelte überaus artig, bot mir auf eine herzliche Art, die mich sozusagen bezauberte, ihre nette, kleine Hand dar und führte mich sogleich ins Eßzimmer, wo sie mich ersuchte, mich zu Tisch zu setzen, was ich mit denkbar größtem Vergnügen und völlig unbefangen ausführte.

Ohne die mindesten lächerlichen Umstände zu machen, fing ich harmlos an zu essen und zwanglos zuzugreifen, indem ich nicht von weitem ahnte, was mir zu erleben bevorstehe.

Ich fing also an, wacker zuzugreifen und tapfer zu essen, derlei Tapferkeit kostet ja bekanntlich wenig Überwindung. Mit einigem Erstaunen merke ich indessen, daß mir Frau Aebi dabei fast andächtig zuschaute. Es war dies einigermaßen auffällig. Offenbar war es für sie ergreifend, mir zuzuschauen, wie ich zugriff und aß. Die sonderbare Erscheinung überraschte mich; ich legte ihr jedoch keine große Bedeutung bei.

Als ich plaudern und Unterhaltung machen wollte, wehrte mir Frau Aebi ab, indem sie sagte, daß sie auf jederlei Gespräch mit der größten Freude verzichte. Das seltsame Wort machte mich stutzig; mir begann angst und bang zu werden. Im Geheimen fing ich an, vor Frau Aebi zu erschrecken. Als ich aufhören wollte, abzuschneiden und einzustecken, weil ich fühlte, daß ich satt sei, sagte sie mir mit zärtlicher Miene und Stimme, die ein mütterlicher Vorwurf leise durchzitterte:

»Sie essen ja gar nicht. Warten Sie, ich will Ihnen hier noch ein recht saftiges, großes Stück abschneiden.«

Ein Grauen durchrieselte mich. Höflich und artig wagte ich einzuwenden, daß ich hauptsächlich hergekommen sei, um einigen Geist zu entfalten, worauf Frau Aebi unter liebreizendem Lächeln sagte, daß sie dies keineswegs für nötig halte.

»Ich vermag unmöglich weiter zu essen«, sagte ich dumpf und gepreßt. Ich war schon nahe am Ersticken und schwitzte bereits vor Angst. Frau Aebi sagte:

»Ich darf keinesfalls zugeben, daß Sie schon aufhören wollen, abzuschneiden und einzustecken, und nimmermehr glaube ich, daß Sie wirklich satt sind. Wenn Sie sagen, daß Sie bereits am Ersticken seien, so sagen Sie ganz bestimmt nicht die Wahrheit. Ich bin verpflichtet, zu glauben, daß dies nur Höflichkeiten sind. Auf jederlei geistreiches Geplauder verzichte ich, wie gesagt, mit Vergnügen. Sie sind sicherlich hauptsächlich hierher gekommen, um zu beweisen, daß Sie ein starker Esser sind und zu bekunden, daß Sie Appetit haben. Diese Anschauung darf ich unter keinen Umständen preisgeben; vielmehr möchte ich Sie herzlich bitten, sich in das Unvermeidliche gutwillig zu schicken; denn ich kann Ihnen versichern, daß es für Sie keine andere Möglichkeit gibt, vom Tisch aufzustehen, als die, die darin besteht, daß Sie alles, was ich Ihnen abgeschnitten habe und fernerhin abschneiden werde, säuberlich aufessen und einstecken.

Ich fürchte, daß Sie rettungslos verloren sind, denn Sie müssen wissen, daß es Hausfrauen gibt, die ihre Gäste so lange nötigen, zuzugreifen und einzupacken, bis dieselben zerbrechen. Ein klägliches, jämmerliches Schicksal steht Ihnen bevor; doch Sie werden es mutig ertragen. Irgend ein großes Opfer müssen wir alle eines Tages bringen!

Gehorchen Sie und essen Sie! Gehorsam ist ja so süß. Was kann es schaden, wenn Sie dabei zugrunde gehen?

Hier dieses höchst delikate, zarte, große Stück werden Sie mir ganz gewiß noch vertilgen, ich weiß es. Nur Mut, mein bester Freund! Uns allen tut Kühnheit not. Was sind wir wert, wenn wir nur immer auf eigenem Willen beharren wollen?

Nehmen Sie alle Ihre Kraft zusammen und zwingen Sie sich, Höchstes zu leisten, Schwerstes zu ertragen und Härtestes auszuhalten.

Sie glauben nicht, wie es mich freut, Sie essen zu sehen, bis Sie die Besinnung verlieren. Sie stellen sich gar nicht vor, wie ich mich grämen würde, wenn Sie dies vermeiden wollten; aber nicht wahr, das tun Sie nicht; nicht wahr, Sie beißen und greifen zu, auch wenn Sie schon bis in den Hals hinauf voll sind.«

»Entsetzliche Frau, was muten Sie mir zu?« schrie ich, indem ich vom Tisch jählings aufsprang und Miene machte, auf und davon zu stürzen. Frau Aebi hielt mich jedoch zurück, lachte laut und herzlich und gestand mir, daß sie sich einen Scherz mit mir erlaubt habe, den ich so gut sein sollte, ihr nicht übel zu nehmen.

»Ich habe Ihnen nur ein Beispiel geben wollen, wie gewisse Hausfrauen es machen, die vor Liebenswürdigkeit gegenüber ihren Gästen fast überfließen.«

Auch ich mußte lachen, und ich darf gestehen, daß mir Frau Aebi in ihrem Übermut sehr gut gefiel. Sie wollte mich für den ganzen Nachmittag in ihrer Umgebung haben und war fast wie ein wenig ungehalten, als ich ihr sagte, daß es leider für mich ein Ding der Unmöglichkeit sei, ihr länger Gesellschaft zu leisten, weil ich gewisse wichtige Dinge zu erledigen hätte, die ich nun und nimmer aufschieben dürfe. Äußerst schmeichelhaft war für mich, Frau Aebi lebhaft bedauern zu hören, daß ich so rasch wieder davonlaufen müsse und wolle. Sie fragte mich, ob es wirklich so dringlich nötig sei, zu entwischen und auszureißen, worauf ich ihr die heilige Versicherung ablegte, daß nur alleräußerste Dringlichkeit imstande sei und Kraft genug hätte, mich von so angenehmem Ort und von so anziehender, verehrenswürdiger Persönlichkeit so schnell wegzuziehen, Worte, womit ich mich von ihr verabschiedete.

Es galt jetzt einen hartnäckigen, widerspenstigen, von der Unfehlbarkeit seines fraglos meisterhaften Könnens scheinbar in jeder Hinsicht überzeugten, von seinem Wert wie von seiner Leistungsfähigkeit vollkommen durchdrungenen, in diesen seinen Überzeugungen durchaus unerschütterlichen Schneider oder Marchand Tailleur zu besiegen, zu bändigen, zu überrumpeln und zu erschüttern.

Schneidermeisterliche Festigkeit umzuwerfen, muß als eine der schwierigsten und mühseligsten Aufgaben betrachtet werden, die die Kühnheit zu unternehmen und der waghalsige Entschluß vorwärts zu treiben, entschlossen sein können. Vor Schneidern und ihren Anschauungen habe ich überhaupt eine ständige, kräftige Furcht, weswegen ich mich jedoch in keiner Weise schäme, weil Furcht hier leicht erklärlich ist.

So war ich denn jetzt auch auf Schlimmes, wenn nicht Schlimmstes gefaßt und rüstete mich für solchen gefährlichen Angriffskrieg mit Eigenschaften, wie Mut, Trotz, Zorn, Entrüstung, Verachtung oder gar Todesverachtung aus, mit welchen ohne Zweifel recht sehr schätzenswerten Waffen ich der beißenden Ironie und dem Spott hinter erheuchelter Treuherzigkeit siegreich und erfolgreich entgegenzutreten hoffte.

Doch es kam anders. Ich will aber bis auf weiteres um so mehr darüber schweigen, als ich ja zuerst noch einen Brief zu befördern habe. Soeben entschloß ich mich nämlich, zuerst auf die Post, dann zum Schneider und hernach die Staatssteuer bezahlen zu gehen.

Die Post, ein appetitliches Gebäude, lag mir übrigens dicht vor der Nase. Fröhlich ging ich hinein und erbat mir vom zuständigen Postbeamten eine Marke, die ich auf den Brief klebte.

Indem ich denselben vorsichtig in den Kasten hinabgleiten ließ, erwog und prüfte ich im nachdenkenden Geist, was ich geschrieben hatte. Wie ich sehr gut wußte, lautete der Inhalt folgendermaßen:

»Sehr zu achtender Herr!
Die eigenartige Anrede dürfte Ihnen die Gewißheit beibringen, daß der Absender Ihnen völlig kalt gegenübersteht. Ich weiß, daß Achtung vor mir von Ihnen und denen, die Ihnen ähnlich sind, niemals zu erwarten ist, und zwar deshalb nicht, weil Sie und die, die Ihnen ähnlich sind, eine übergroße Meinung von sich selbst haben, die sie weder zur Einsicht noch zu irgendwelcher Rücksicht kommen läßt. Ich weiß mit Bestimmtheit, daß Sie zu den Leuten gehören, die sich groß erscheinen, weil sie rücksichtslos und unhöflich sind, die sich mächtig dünken, weil sie Protektion genießen, die weise zu sein meinen, weil ihnen hin und wieder das Wörtchen ›weise‹ einfällt.
Leute, wie Sie, erkühnen sich, gegenüber Armut und Unbeschütztheit hart, grob, frech und gewalttätig zu sein. Leute, wie Sie, besitzen die ungewöhnliche Klugheit, zu meinen, daß es notwendig sei, überall an der Spitze zu stehen, allenortes ein Übergewicht zu haben und zu jeder Tageszeit zu triumphieren. Leute, wie Sie, merken nicht, daß dies töricht ist, und weder im Bereich der Möglichkeit liegt, noch wünschenswert sein kann. Leute, wie Sie, sind Protzen und jederzeit bereit, der Brutalität eifrig zu dienen. Leute, wie Sie, sind überaus mutig darin, daß sie jeden wahren Mut sorgfältig vermeiden, weil sie wissen, daß ihnen jeder wahre Mut Schaden zu bringen verspricht; ferner sind sie mutig darin, daß sie sich als die Guten und Schönen hinzustellen stets ungemein viel Lust und ungemein viel Eifer bekunden. Leute, wie Sie, respektieren weder das Alter noch das Verdienst, noch ganz bestimmt die Arbeit. Leute, wie Sie, respektieren das Geld und sind durch derlei Respekt verhindert, etwas anderes hoch zu achten.

Wer redlich arbeitet und sich treulich abmüht, ist in den Augen von Leuten, wie Sie, ein ausgesprochener Esel. Hierin irre ich mich nicht; denn mein kleiner Finger sagt mir, daß ich recht habe. Ich muß Ihnen ins Gesicht hinein zu sagen wagen, daß Sie Ihr Amt mißbrauchen, weil Sie recht gut wissen, mit wieviel Unannehmlichkeiten und schwierigen Umständen es verbunden wäre, Ihnen auf die Finger zu klopfen. In der Huld und Gnade, worin Sie stecken und von günstigen Voraussetzungen umgeben, sind Sie dennoch höchst angefochten, indem Sie ohne Zweifel fühlen, wie sehr Sie schwanken.

Sie hintergehen das Zutrauen, halten Ihr Wort nicht, schädigen ohne Besinnen den Wert und das Ansehen derer, die mit Ihnen verkehren, beuten schonungslos aus, wo Sie Wohltat zu stiften vorgeben, verraten den Dienst und verleumden den Diener, sind wankelmütig und unzuverlässig und zeigen Eigenschaften, die man an einem Mädchen, nicht aber an einem Manne, eilig entschuldigt.

Verzeihen Sie, wenn ich mir erlaube, Sie für durchaus schwach zu halten, und genehmigen Sie mit der aufrichtigen Versicherung, er wolle für rätlich halten, Ihnen in Zukunft geschäftlich denkbar fern zu bleiben, das immerhin erforderliche Maß und den absolut gegebenen Grad von Achtung von einem Menschen, dem die Auszeichnung sowohl wie das freilich bescheidene Vergnügen zufielen, daß er Sie kennen lernen durfte.«

Fast bereute ich, den Buschklepperbrief, wie er mir nachträglich vorkommen wollte, der Post zur Beförderung anvertraut zu haben; denn keiner geringeren als einer leitenden, einflußreichen Person hatte ich, bitterbösen Kriegszustand heraufbeschwörend, den Abbruch der diplomatischen, oder besser wirtschaftlichen Beziehungen auf so ideale Art angekündigt. Immerhin ließ ich dem Fehdebrief jetzt den Lauf, indem ich mir trosteshalber sagte, daß der Mensch oder sehr zu achtende Herr die Botschaft womöglich kaum einmal, geschweige mehrmal lese, da er die köstliche Lektüre beim zweiten oder dritten Wort wahrscheinlich bereits ziemlich satt habe, folglich den flammenden Erguß, ohne allzuviel Zeit und kostbare Kraft zu verlieren, vermutlich in den jegliches Unwillkommene verschlingenden oder beherbergenden Papierkorb werfe.

»Überdies vergißt sich derartiges innerhalb Halben- oder Vierteljahres naturgemäß«, folgerte und philosophierte ich und marschierte kuragös zum Schneider.

Derselbe saß fröhlich und anscheinend mit dem ruhigsten Gewissen der Welt in seinem mit feinduftenden Tüchern und Tuchresten vollgepfropften, zierlichen Modesalon oder Werkstatt. Ein käfigeingesperrter, lärmender Vogel, sowie ein eifriger, brav mit Zuschneiden beschäftigter, verschmitzter Lehrling schienen das Idyll vervollständigen zu wollen.

Herr Schneidermeister Dünn stand, als er meiner ansichtig wurde, vom Sitzplatz, wo er emsig mit der Nähnadel focht, höflich auf, um den Ankömmling artig willkommen zu heißen.

»Sie kommen wegen Ihres nächstdem durch meine Firma fix und fertig an Sie abzuliefernden, zweifellos tadellos sitzenden Anzuges«, sagte er, indem er mir nur beinah allzu kameradschaftlich die Hand gab, die ich mich indessen durchaus nicht zu schütteln scheute.

»Ich komme«, gab ich zurück, »um unverzagt und hoffnungsfroh zur Anprobe zu schreiten, indem ich mancherlei befürchte.«

Herr Dünn sagte, er halte jedwede Befürchtung für überflüssig, da er für Sitz und Schnitt garantiere. Indem er dies sagte, führte er mich in eine Nebenstube, aus der er sich selbst sofort zurückzog. Daß er wiederholt garantierte und beteuerte, wollte mir nicht sonderlich gefallen. Rasch waren denn auch Probe sowohl wie hiemit aufs innigste verknüpfte Enttäuschung fertig.

Indem ich einen überschäumenden Verdruß mühsam niederzukämpfen versuchte, rief ich heftig und gewaltsam nach Herrn Dünn, dem ich mit möglich großer Gelassenheit und vornehmer Unzufriedenheit den sicherlich vernichtenden Ausruf entgegenschleuderte:

»Dachte ich es mir doch!«

»Mein allerliebster, werter Herr, regen Sie sich nicht unnützerweise auf.«

Mühsam genug brachte ich hervor: »Freilich ist hier in Hülle und Fülle Anlaß, sich aufzuregen und untröstlich zu sein. Behalten Sie alle Ihre höchlich unpassenden Beschwichtigungen gütig für sich und hören Sie bitte sogleich auf, mich beruhigen zu wollen. Was Sie getan haben, um einen tadellosen Anzug herzustellen, ist im höchsten Grad beunruhigend. Sämtliche gehegten zarten oder unzarten Befürchtungen bewahrheiten sich in jeder Beziehung, und die schlimmsten Ahnungen sind auf jede Weise in Erfüllung gegangen. Wie können Sie für tadellosen Sitz und Schnitt zu garantieren wagen, und wie ist es möglich, daß Sie den Mut haben, mir zu versichern, daß Sie Meister in Ihrem Berufe sind, wo Sie bei nur dünngesäter Ehrlichkeit und beim geringfügigsten Maß von Aufmerksamkeit und Aufrichtigkeit ohne weiteres werden zugestehen müssen, daß ich vollkommenes Pech habe, und daß der durch Ihre werte ausgezeichnete Firma mir abzuliefernde tadellose Anzug total verpfuscht ist?«

»Den Ausdruck ›verpfuscht‹ verbitte ich mir verbindlich.«
»Ich will mich fassen, Herr Dünn.«
»Ich danke Ihnen und freue mich über so angenehmen Vorsatz herzlich.«
»Sie werden mir erlauben, von Ihnen zu verlangen, daß Sie am Anzug, der, auf eben stattgefundene sorgfältige Probe gestützt, ganze Haufen von Fehlern, Mängeln und Gebrechen aufweist, bedeutende und einschneidende Änderungen vornehmen.«
»Das kann man.«
»Unzufriedenheit, Verdruß und Trauer, die ich empfinde, drängen mich, Ihnen zu sagen, daß Sie mir Ärger bereitet haben.«
»Ich schwöre Ihnen, daß mir dies leid ist.«
»Der Eifer, den Sie zeigen, zu schwören, daß es Ihnen leid ist, mich geärgert und in schlechte Stimmung versetzt zu haben, ändert am fehlerhaften Anzug absolut nichts, dem ich mich entschieden weigere, auch nur den kleinsten Grad von Anerkennung zu zollen, und dessen Annahme ich energisch zurückweise, weil weder von Beifall noch von Zustimmung die Rede sein kann.
Bezüglich des Rockes fühle ich deutlich, daß er mich zum buckligen, mithin häßlichen Menschen macht. Verunstaltung, womit ich unter keinen Umständen einverstanden bin. Vielmehr muß ich ausdrücklich dagegen protestieren.
Die Ärmel leiden an geradezu bedenkenerregendem Überfluß an Länge. Die Weste zeichnet sich in hervorragender Weise dadurch aus, daß sie den üblen Eindruck hervorruft und den unangenehmen Schein erweckt, als habe ihr Träger einen dicken Bauch.
Die Hose ist einfach abscheulich. Zeichnung oder Entwurf

derselben flößen mir aufrichtig empfundenes Grauen ein. Wo dieses elende, lächerliche, entsetzlich dumme Kunstwerk von Beinkleid eine gewisse Breite besitzen sollte, weist es einschnürende Enge auf, und wo es eng sein sollte, ist es mehr als weit.
Ihre Leistung, Herr Dünn, ist alles in allem phantasielos. Ihr Werk beweist einen Mangel an Intelligenz. An solchem Anzug klebt etwas Erbärmliches, Klägliches, Kleinliches und haftet etwas Albernes, Ängstliches und Hausbackenes. Der ihn anfertigte, darf gewiß nicht zu den schwungvollen Naturen gezählt werden. Derartige völlige Abwesenheit jederlei Talentes bleibt auf alle Fälle überaus bedauerlich.«
Herr Dünn besaß die Unverfrorenheit, mir zu sagen:
»Ihre Entrüstung verstehe ich nicht und werde nie zu bewegen sein, sie zu verstehen. Die zahlreichen heftigen Vorwürfe, die Sie mir machen zu müssen glauben, sind mir unbegreiflich und werden mir sehr wahrscheinlich unbegreiflich bleiben. Der Anzug sitzt vorzüglich. Irgend etwas anderes wird mich niemand glauben machen. Die Überzeugung, die ich habe, daß Sie ungemein vorteilhaft darin aussehen, erkläre ich für unerschütterlich. An gewisse, denselben auszeichnende Eigentümlichkeiten werden Sie sich in kurzer Zeit gewöhnt haben. Höchste Staatsbeamte bestellen ihren schätzenswerten Bedarf bei mir. Ebenso lassen Herren Gerichtspräsidenten huldvoll bei mir arbeiten. Dieser ohne Frage schlagende Beweis meiner Leistungsfähigkeit genüge Ihnen! Auf überspannte Erwartungen vermag ich unmöglich einzugehen, anmaßliche Forderungen lassen Schneidermeister Dünn zum Glück vollkommen kalt. Besser situierte Leute und vornehmere Herren wie Sie, sind mit meiner Gewandtheit und Fertigkeit in jeder Hinsicht zu-

frieden gewesen, womit ich anmerken wollte, daß ich Sie entwaffnet zu haben hoffe.«

Da ich einsehen mußte, daß es unmöglich sei, irgend etwas auszurichten und ich mir sagte, daß sich eine leider vielleicht nur allzu feurige ungestüme Attacke in die schmerzlichste und schmählichste aller Niederlagen verwandelt habe, so zog ich meine Truppen aus unglücklichem Gefecht zurück, brach weich ab und flog beschämt davon.

Solchergestalt endete das kühne Abenteuer mit dem Schneider. Ohne mich nach anderen Dingen umzuschauen, eilte ich auf die Gemeindekasse wegen der Steuern. Hier muß jedoch ein gröblicher Irrtum berichtigt werden.

Wie mir nachträglich einfällt, handelte es sich nämlich kaum um Zahlung, vielmehr einstweilen lediglich um eine Besprechung mit dem Herrn Präsidenten der löblichen Steuerkommission, sowie um Ein- oder Abgabe einer feierlichen Erklärung. Man wolle mir den Irrtum nicht übelnehmen, vielmehr freundlich anhören, was ich diesbezüglich zu sagen haben werde.

So gut wie der standhafte Schneidermeister Dünn Tadellosigkeit garantierte, verspreche und garantiere ich in bezug auf abzulegende Steuererklärung Exaktheit und Ausführlichkeit sowohl wie Knappheit und Kürze.

Ich will sogleich in die scharmante Situation hineinspringen:

»Erlauben Sie mir, Ihnen zu sagen«, sprach ich frei und offen zum Steuermann oder hohen, respektablen Steuerbeamten, der mir sein obrigkeitliches Ohr schenkte, um dem Bericht, den ich abstattete, aufmerksam zu folgen, »daß ich als armer Schriftsteller oder homme de lettres ein sehr fragwürdiges Einkommen genieße.

Von irgendeiner Vermögensaufhäufung kann selbstverständlich bei mir nicht die geringste Spur zu finden sein, wie ich zu meinem großen Bedauern hierdurch feststelle, ohne jedoch über die unangenehme Tatsache zu weinen.
Ich verzweifle nicht, kann aber ebensowenig jauchzen oder jubeln. Ich schlüpfe im allgemeinen notdürftig durch, wie man sagt.
Luxus treibe ich keinen. Sie vermögen mir dies auf den ersten Blick anzusehen. Das Essen, das ich esse, kann als hinlänglich und spärlich bezeichnet werden.
Ihnen ist offenbar eingefallen zu glauben, daß ich über vielerlei Einkünfte verfüge. Ich fühle mich jedoch genötigt, diesem Glauben, wie allen derartigen Vermutungen, höflich aber entschieden entgegenzutreten und die nackte, schlichte Wahrheit zu sagen, die auf alle Fälle lautet, daß ich überaus frei von Reichtümern, dagegen aber vollbehangen von jeder Art Armut bin, wovon Sie gütig Vormerkung nehmen wollen.
Sonntags darf ich mich auf der Straße kaum blicken lassen, weil ich kein Sonntagskleid habe. An solidem, sparsamem Lebenswandel bin ich einer Feldmaus ähnlich. Selbst ein Sperling scheint mehr Aussicht zu haben, wohlhabend zu werden, wie gegenwärtiger Berichterstatter und Steuerzahler. Ich habe einige Bücher geschrieben, die aber leider nicht den geringsten Anklang beim Publikum fanden. Die Folgen hievon sind herzbeklemmend. Keinen Augenblick zweifle ich, daß Sie dies einsehen und folglich meine eigenartige finanzielle Lage verstehen werden.
Bürgerliche Stellung, bürgerliches Ansehen usw. besitze ich keineswegs, das ist sonnenklar. Einem Menschen wie mir gegenüber scheinen nicht die mindesten Verpflichtungen zu existieren. Lebhaftes Interesse für schöne Literatur

ist überaus spärlich vertreten. Außerdem bildet schonungslose Kritik, die jedermann an unsereins Werken üben zu sollen glaubt, eine weitere starke Schädigung, die sich wie ein Hemmschuh gegen die Verwirklichung irgendwelchen bescheidenen Wohlstandes stemmt.

Gewiß gibt es gütige Gönner und freundliche Gönnerinnen, die den Dichter von Zeit zu Zeit in edler Art unterstützen. Eine Gabe ist aber noch lange kein Einkommen, eine Unterstützung doch wohl noch kein Vermögen.

Aus diesen überzeugenden Gründen, hochgeehrter Herr, möchte ich Sie ersuchen, von jederlei Steuererhöhung, die Sie mir ankündigten, gefällig absehen und in Gottes Namen meine Zahlungskraft so niedrig wie möglich einschätzen zu wollen.«

Der Herr Vorsteher oder Taxator sagte: »Man sieht Sie aber immer spazieren!«

»Spazieren«, gab ich zur Antwort, »muß ich unbedingt, damit ich mich belebe und die Verbindung mit der Welt aufrechterhalte, ohne deren Empfinden ich weder einen halben Buchstaben mehr schreiben, noch ein Gedicht in Vers oder Prosa hervorbringen könnte. Ohne Spazieren wäre ich tot, und meinen Beruf, den ich leidenschaftlich liebe, hätte ich längst preisgeben müssen. Ohne Spazieren und Bericht-Auffangen vermöchte ich nicht den leisesten Bericht abzustatten, ebensowenig einen Aufsatz, geschweige denn eine Novelle zu verfassen. Ohne Spazieren würde ich weder Studien noch Beobachtungen sammeln können. Ein so gescheiter, aufgeweckter Mann, wie Sie, wird dies augenblicklich begreifen.

Auf weitschweifigem Spaziergang fallen mir tausend brauchbare Gedanken ein, während ich zu Hause eingeschlossen jämmerlich verdorren, vertrocknen würde. Spazieren ist für mich nicht nur gesund, sondern auch dienlich, und nicht nur schön, sondern auch nützlich. Ein Spaziergang fördert mich beruflich, macht mir aber zugleich auch persönlich Spaß; er tröstet, freut, erquickt mich, ist mir ein Genuß, hat aber zugleich die Eigenschaft, daß er mich spornt und zu fernerem Schaffen reizt, indem er mir zahlreiche mehr oder minder bedeutende Gegenständlichkeiten darbietet, die ich später zu Hause eifrig bearbeiten kann. Jeder Spaziergang ist voll von sehenswerten, fühlenswerten Erscheinungen. Von Gebilden, lebendigen Gedichten, anziehenden Dingen, Naturschönheiten wimmelt es ja meistens förmlich auf netten Spaziergängen, mögen sie noch so klein sein. Natur- und Landeskunde öffnen sich reiz- und anmutvoll vor den Sinnen und Augen des aufmerksamen Spaziergängers, der freilich nicht mit niedergeschlagenen, sondern mit offenen, ungetrübten Augen spazieren muß, falls er den Wunsch hat, daß ihm der schöne Sinn und der weite, edle Gedanke des Spazierganges aufgehen sollen.

Bedenken Sie, wie der Dichter verarmen und kläglich scheitern müßte, wenn nicht die mütterliche, väterliche, kindliche Natur ihn immer wieder von neuem mit dem Quell des Guten und Schönen bekannt machen würde. Bedenken Sie, wie für den Dichter der Unterricht und die heilige, goldene Belehrung, die er draußen im spielenden Freien schöpft, immer wieder von allergrößter Bedeutung sind. Ohne Spazieren und damit verbundene Naturanschauung, ohne diese ebenso liebliche wie lehrreiche, ebenso erfrischende wie beständig mahnende Erkundigung fühle ich mich wie verloren und bin es in der Tat. Höchst aufmerksam und liebevoll muß der, der spaziert, jedes kleinste lebendige Ding, sei es ein Kind, ein Hund, eine Mücke, ein Schmetterling, ein

Spatz, ein Wurm, eine Blume, ein Mann, ein Haus, ein Baum, eine Hecke, eine Schnecke, eine Maus, eine Wolke, ein Berg, ein Blatt oder auch nur ein ärmliches, weggeworfenes Fetzchen Schreibpapier, auf das vielleicht ein liebes, gutes Schulkind seine ersten, ungefügen Buchstaben hingeschrieben hat, studieren und betrachten.
Die höchsten und niedrigsten, ernstesten wie lustigsten Dinge sind ihm gleicherweise lieb und schön und wert. Keinerlei empfindsamliche Eigenliebe darf er mit sich tragen, vielmehr muß er seinen sorgsamen Blick uneigennützig, unegoistisch überallhin schweifen, herumstreifen lassen, ganz nur im Anschauen und Merken aufzugehen fähig sein, dagegen sich selber, seine eigenen Klagen, Bedürfnisse, Mängel, Entbehrungen gleich wackerem, dienstbereiten, aufopferungsfreudigen, erprobten Feldsoldaten hintanzustellen, gering zu achten oder völlig zu vergessen wissen.
Andernfalls spaziert er nur mit halbem Geist, was kaum viel wert ist.
Des Mitleides, Mitempfindens und der Begeisterung muß er jederzeit fähig sein, und hoffentlich ist er es. Er muß sich in den Enthusiasmus hinaufzuschwingen, sich aber ebenso leicht in die kleinste Alltäglichkeit herabzuneigen vermögen, und vermutlich kann er es. Treues, hingebungsvolles Sichverlieren und Hineinfinden in die Dinge und fleißige Liebe zu allen Erscheinungen machen ihn aber auch glücklich, wie jede Pflichterfüllung den Pflichtbewußten reich und glücklich im Innersten macht. Geist und Hingabe beseligen ihn, heben ihn hoch über die eigene Spaziergänger-Person hinaus, die oft genug im Geruch unnützen, zeitvergeudenden Vagabundierens steht. Mannigfaltige Studien bereichern, belustigen, besänftigen und veredeln

ihn, und was er emsig treibt, mag mitunter hart an exakte Wissenschaft streifen, die dem scheinbar leichtfertigen Bummler niemand zutraut.

Wissen Sie, daß ich hartnäckig und zäh im Kopf arbeite und oft vielleicht im besten Sinne tätig bin, wo es den Anschein hat, als ob ich ein gedankenlos wie arbeitslos im Blauen oder Grünen mich verlierender, saumseliger, träumerischer, träger, schlechten Eindruck weckender Erztagedieb und Mensch ohne Verantwortung sei?

Geheimnisvoll schleichen dem Spaziergänger allerlei Einfälle und Ideen nach, derart, daß er mitten im fleißigen, achtsamen Gehen stillstehen und horchen muß, weil er, über und über von seltsamen Eindrücken, Geister-Gewalt benommen, plötzlich das bezaubernde Gefühl hat, als sinke er in die Erde hinab, indem sich vor den geblendeten, verirrten Denker- und Dichteraugen ein Abgrund öffne. Der Kopf will ihm abfallen. Die sonst so lebhaften Arme und Beine sind wie erstarrt. Land und Leute, Töne und Farben, Gesichter und Gestalten, Wolken und Sonnenschein drehen sich wie Schemen rund um ihn herum; er fragt sich: ›Wo bin ich?‹

Erde und Himmel fließen und stürzen in ein blitzend übereinanderwogendes, undeutlich schimmerndes Nebelbild zusammen. Das Chaos beginnt und die Ordnungen verschwinden. Mühsam sucht der Erschütterte seine Besinnung aufrecht zu halten; es gelingt ihm. Später spaziert er vertrauensvoll weiter.

Halten Sie es für ganz und gar unmöglich, daß ich auf solcherlei geduldigem Spaziergang Riesen antreffe, Professoren die Ehre habe zu sehen, mit Buchhändlern und Bankbeamten im Vorbeigehen verkehre, mit Sängerinnen und Schauspielerinnen rede, bei geistreichen Damen zu Mittag speise, durch Wälder streife, gefährliche Briefe befördere und mich mit tückischen, ironischen Schneidermeistern wild herumschlage? Dies alles kann immerhin vorkommen, und ich glaube, daß es in der Tat vorgekommen ist.

Den Spaziergänger begleitet stets etwas Merkwürdiges, Phantastisches, und er wäre töricht, wenn er dieses Geistige unbeachtet lassen wollte; doch das tut er keinesfalls, vielmehr heißt er alle eigentümlichen Erscheinungen herzlich willkommen, befreundet, verbrüdert sich mit ihnen, macht sie zu gestaltenhaften, wesenreichen Körpern, gibt ihnen Seele und Bildung, wie sie ihrerseits auch ihn beseelen und bilden.

Kurz und gut: Ich verdiene mein tägliches Brot durch Denken, Grübeln, Bohren, Graben, Sinnen, Dichten, Forschen, Untersuchen und Spazieren so sauer wie irgendeiner. Indem ich vielleicht die allervergnügteste Miene schneide, bin ich höchst ernsthaft und gewissenhaft, und wo ich weiter nichts als schwärmerisch und zärtlich zu sein scheine, bin ich ein solider Fachmann. Darf ich hoffen, Sie durch dargebrachte eingehende Aufklärung von offenbar ehrlichem Streben vollauf überzeugt zu haben?«

Der Beamte sagte: »Gut!« und fügte bei: »Ihr Gesuch betreff Bewilligung möglichst niedrig zu veranschlagenden Steuersatzes soll geprüft werden. Diesbezügliche baldige abschlägige oder einwilligende Mitteilung wird man Ihnen zugehen lassen. Für freundlich abgelegten Wahrheitsbericht sowohl wie eifrig geleistete ehrliche Aussagen danken wir Ihnen bestens. Einstweilen dürfen Sie abtreten, damit Sie Ihren Spaziergang hübsch fortsetzen können.«

Da ich in Gnaden entlassen war, so eilte ich freudig fort und war bald danach wieder im Freien, wo ich mich von Entzücken und Freiheitsbegeisterung ergriffen und hingerissen fühlte.

Nach manchem tapfer bestandenem Abenteuer und mehr oder weniger siegreich überwundenem Hindernis komme ich endlich zum längst vorausgesagten Eisenbahnübergang. Hier mußte ich eine Weile stehen bleiben und so lange niedlich warten, bis der Zug allmählich etwa die hohe Güte gehabt hätte, säuberlich vorüberzufahren. Allerlei männliches und weibliches Volk jeglichen Alters und Charakters stand und wartete wie ich an der Stange. Die korpulente, nette Bahnwärtersfrau musterte uns Wartende und Herumstehende gründlich. Der vorbeisausende Eisenbahnzug war voll Militär. Alle aus den Fenstern schauenden, liebem, teurem Vaterlande Dienste erweisenden Soldaten einerseits und das unnütze Zivilpublikum anderseits grüßten einander gegenseitig fröhlich und patriotisch, eine Bewegung, die rundherum liebliche Stimmung verbreitete.

Als der Übergang frei geworden war, gingen ich und alle andern friedlich weiter, und nun schien mir jederlei Umgebung mit einemmal tausendmal schöner wie vorher zu sein. Mein Spaziergang wurde immer schöner und größer. Hier beim Bahnübergang sei etwas wie der Höhepunkt oder das Zentrum, von wo aus es leise wieder sinken würde, dachte ich für mich. Bereits ahnte ich etwas wie von beginnendem, sanftem Abendabhang. Etwas wie Wehmutwonne hauchte als stiller, hoher Gott umher. »Hier ist es jetzt himmlisch schön«, dachte ich wieder.

Das zarte Land mit seinen lieben, bescheidenen Wiesen, Häusern, Gärten erschien mir wie ein süßes Abschiedslied. Aus allen Seiten drangen uralte Klagen leidenden, armen Volkes tönend daher. Geister tauchten in entzückenden Gewändern groß, weich, gestaltenhaft auf. Die zarte, schöne Landstraße strahlte blau, weiß und goldig. Über die gelblich gefärbten, rosig angehauchten Armuthäuser, die der Sonnenschein kindlich-zärtlich umarmte, flogen, gleich Engelsbildern, die aus dem Himmel niederstürzen, Rührung und Entzücken. Hand in Hand im feinen Hauche schwebten Liebe und Armut. Mir war zumut, als rufe mich jemand beim Namen, oder als küsse oder beruhige mich jemand, Gott selbst, der Allmächtige, unser gnädiger Herr und Gebieter, trat auf die Straße, um sie unbeschreiblich schön zu machen. Einbildungen aller Art wollten mich glauben machen, daß Jesus Christus hergekommen sei, und nun mitten unter allen guten, lieben Leuten und mitten durch die reizende Gegend umherwandere. Alles Menschliche und Gegenständliche schien sich in eine von Zärtlichkeit erfüllte Seele verwandelt zu haben. Silberschleier, Seelennebel schwammen in alles, legten sich um alles. Die Weltseele habe sich geöffnet und alles Böse, Leidvolle und Schmerzliche sei im Entschwinden begriffen, phantasierte ich. Frühere Spaziergänge traten mir vor die Augen. Doch das wundervolle Bild der Gegenwart wurde rasch zur überragenden Empfindung. Alles Zukünftige verblaßte und die Vergangenheit zerrann. Im glühenden Augenblick glühte ich selbst. Aus jeder Richtung und Entfernung trat alles Große und Gute mit herrlicher, beglückender Gebärde hell hervor. In der schönen Gegend stehend, dachte ich nur an diese selber; alles sonstige Denken sank dahin. Aufmerksam schaute ich auf das Geringste und Bescheidenste, indes der Himmel sich hoch empor und tief herab zu neigen schien. Die Erde wurde zum Traum; ich selbst war ein Inneres geworden und ging wie in einem Innern herum. Alles Äußere verlor sich und alles bisher Verstandene war unverständlich. An der Oberfläche herab stürzte ich in die

Tiefe, die ich im Augenblick als das Gute erkannte. Was wir verstehen und lieben, versteht und liebt auch uns. Ich war nicht mehr ich selbst, sondern ein anderer, doch gerade darum erst recht wieder ich selbst. Im süßen Liebeslichte glaubte ich einsehen zu können, oder fühlen zu sollen, daß der innerliche Mensch der einzige sei, der wahrhaft existiert. Mich griff der Gedanke an: »Wo wollten wir Menschen sein, wenn es keine gute, treue Erde gäbe? Was hätten wir, wenn uns dies fehlte? Wo sollte ich sein, wenn ich nicht hier sein dürfte? Hier habe ich alles und anderswo hätte ich nichts.«

Was ich sah, war ebenso arm wie groß, ebenso klein wie bedeutend, ebenso reizend wie bescheiden und ebenso gut wie warm und lieblich. An zwei Häusern, die wie lebendige, gemütliche Nachbargestalten im hellen Sonnenlicht nah beieinander standen, hatte ich besondere Freude. In weicher, zutraulicher Luft schwebte ein Behagen um das andere und zitterte es wie von leisem Vergnügen. Eines der beiden Häuser war das Wirtshaus zum »Bären«. Trefflich und drollig schien mir der Bär im Wirtshausschild abgebildet. Kastanienbäume überschatteten das zierliche Haus, das sicher von netten, lieben Leuten bewohnt war; sah doch das Haus nicht wie manche Bauwerke hochmütig, sondern wie die Zutraulichkeit und Treue selber aus. Überall, wohin das Auge blickte, lag dichte Gartenpracht, hing grünes Gewirr von artigen Blättern herab.

Das zweite Haus glich in seiner sichtlichen Lieblichkeit und Niedrigkeit einem kindlich-schönen Blatt aus einem Bilderbuch, so seltsam und reizend stellte es sich dar. Rund um das Häuschen schien die Welt vollkommen gut und schön zu sein. In das bildhübsche, kleine Hauswesen verliebte ich mich alsogleich bis sozusagen über die Ohren und wäre

herzlich gern sogleich hineingegangen, um mich einzunisten und -mieten und mich im Zauberhäuschen für immer seßhaft und deshalb wohl zu fühlen; doch sind gerade die schönsten Wohnungen leider Gottes meistens besetzt, und wer für seinen anspruchsvollen Geschmack eine passende Wohnung sucht, dem geht es schlecht, weil was leer steht und zu haben wäre, öfters gräulich ist und lebhaftes Grauen erregt.

Sicher war das schöne Häuschen von einem alleinstehenden Frauchen oder Großmütterchen bewohnt, so schaute es aus und duftete danach. Wenn mir gestattet ist, so melde ich, daß an dem kleinen Gebäude Wandmalereien oder Fresken strotzten, die auf lustige, feine Art eine Schweizeralpenlandschaft darstellten, auf der ein Berneroberländerhaus stand, nämlich gemalt. Die Malerei war zwar an sich keineswegs gut. Behaupten zu wollen, daß es sich da um ein Kunstwerk handelte, wäre ziemlich keck. Reizvoll kam sie mir aber trotzdem vor. Einfältig und simpel, wie sie war, konnte sie mich sogar entzücken. Mich entzückt eigentlich jedes noch so ungeschickte Stück Malerei, weil jedes Malstück erstens an Fleiß und Emsigkeit und zweitens an Holland erinnert. Ist nicht jede Musik, selbst die kärglichste, für den schön, der das Wesen und die Existenz der Musik liebt? Ist denn nicht jeder beliebige Mensch, auch der böseste und unangenehmste, für den Menschenfreund liebenswürdig? Daß gemalte Landschaft mitten drin in der wirklichen kapriziös, pikant sei, wird niemand bestreiten können. Den Tatbestand, daß ein altes Mütterchen in dem Hause wohne, nagelte ich übrigens durchaus nicht fest. Doch nimmt mich nur wunder, wie ich Worte wie »Tatbestand« in den Mund zu nehmen wage, wo doch ringsum alles weich und voll Natur sein soll, ähnlich wie Empfindungen und Ahnungen eines Mutterherzens! Im übrigen war das Häuschen graublau angestrichen und hatte hellgrüne Fensterläden, die zu lächeln schienen, und im Garten dufteten die schönsten Blumen. Über ein Lust- oder Gartenhäuschen neigte und krümmte sich in entzückender Anmut ein Rosenbusch und -Strauch voll schöner Rosen.

Falls ich nicht krank, sondern gesund und munter bin, was ich lebhaft hoffe und durchaus nicht bezweifle, so kam ich, indem ich ruhig weiter ging, vor ein ländliches Friseurgeschäft, mit dessen Inhalt und Inhaber ich mich jedoch kaum eigentlich Grund habe abzugeben, da ich der Meinung bin, daß es noch nicht gar so dringend nötig sei, mir das Haar schneiden zu lassen, obgleich solches vielleicht ganz nett und spaßhaft wäre.

Ferner kam ich an einer Schusterwerkstatt vorbei, die mich an den unglücklichen Dichter Lenz erinnerte, der in einem Zustand von Geistesumnachtung und Gemütszerrüttung Schuhe machen lernte und machte.

Im Vorbeigehen schaute ich in eine freundliche Schulstube hinein, wo gerade die gestrenge Schullehrerin examinierte und laut kommandierte, wobei angemerkt sein mag, wie sehr der Spaziergänger im Nu wünschte, wieder ein Kind und ein unfolgsamer Schulknabe zu sein, wieder zur Schule gehen und zur Strafe für begangene Unartigkeit eine wohlverdiente Tracht Hiebe einernten zu dürfen.

Da wir von Prügel reden, so sei beigeflochten, wir seien der Meinung, daß ein Landmann, der nicht zaudert, den Schmuck der Landschaft, die Schönheit seines eigenen Heimwesens, nämlich seinen hohen alten Nußbaum umzuhauen, um schnödes, törichtes Geld damit zu erhandeln, redlich durchgeprügelt zu werden verdiene.

Bei einem schönen Bauernhaus mit herrlich-mächtigem

Nußbaum rief ich nämlich hell aus: »Dieser hohe majestätische Baum, der das Haus so wunderbar beschützt und verschönt, es in so ernste, fröhliche Heimeligkeit, traute Heimatlichkeit einspinnt und -kleidet, solch ein Baum, sage ich, ist wie eine Gottheit, und tausend Peitschenhiebe dem gefühllosen Besitzer, der all die kühle, grüne Blätterpracht verschwinden zu machen wagt, nur damit er seinem Gelddurst, das Gemeinste, was es auf der Erde gibt, befriedige. Derartige Trottel sollte man aus der Gemeinde ausstoßen. Nach Sibirien oder Feuerland mit solchen Schändern und Umstürzern des Schönen. Doch gibt es gottlob auch Bauern, die gewiß noch Sinn und Herz für etwas Zartes und Gutes haben.«

Ich bin vielleicht in bezug auf den Baum, den Geiz, den Bauer, den Transport nach Sibirien und die Prügel, die anscheinend der Bauer verdient, weil er den Baum fällt, etwas zu weit gegangen und muß gestehen, daß ich mich habe hinreißen lassen, zu zürnen. Freunde von schönen Bäumen werden indessen meinen Unmut begreifen und dem lebhaft zum Ausdruck gebrachten Bedauern beistimmen. Die tausend Peitschenhiebe nehme ich meinetwegen gerne zurück. Dem groben Worte »Trottel« versage selbst ich den Beifall. Ich muß es mißbilligen und den Leser hiefür um Entschuldigung bitten. Da ich mich bereits mehrmals entschuldigen mußte, so habe ich in derlei Höflichkeit schon eine gewisse Übung gewinnen können. »Gefühlloser Besitzer« hätte ich keinesfalls nötig gehabt zu sagen. Meiner Meinung nach sind dies geistige Erhitzungen, die durchaus vermieden werden müssen. Klar jedoch ist, daß ich den Schmerz um eines schönen Baumes Sturz stehen lasse. Eine böse Miene mache ich hierüber sicher, woran mich niemand verhindern wird. »Aus der Gemeinde ausstoßen« ist unvorsichtig gesprochen, und was die Geldgier betrifft, die ich als gemein bezeichnet habe, so nehme ich an, daß auch ich bereits ein oder das andere Mal hindiesbezüglich schwer gefrevelt, gefehlt und gesündigt habe, und daß gewisse Elendigkeiten und Gemeinheiten auch mir gewiß nicht fremd blieben.

Ich treibe hiemit Flaumacherpolitik, wie man sie schöner nirgends zu sehen bekommen kann; ich halte jedoch eine solche Politik für eine Notwendigkeit. Der Anstand gebietet uns, acht zu geben, daß wir mit uns selber ebenso streng verfahren, wie mit andern, daß wir andere ebenso milde beurteilen, wie uns selber, und letzteres tun wir ja bekanntlich jederzeit unwillkürlich.

Ist es nicht geradezu reizend, wie hier Fehler korrigiert und Verstöße abgeglättet werden? Indem ich Eingeständnisse mache, erweise ich mich als friedfertig, und indem ich Eckiges abrunde, Holperiges ausgleiche, Hartes weich mache, bin ich ein zarter Abschwächer, zeige ich Sinn für gute Tonart und bin fein säuberlich diplomatisch. Blamiert habe ich mich immerhin; doch ich hoffe, daß man wenigstens den guten Willen anerkennen wolle.

Wenn nun noch jemand sagt, ich sei ein rücksichtsloser Machtmensch und Gewalthaber, der blind darauf los geht, so behaupte ich, die Person, die das sagt, irre sich bös. So sanft und zart wie ich, hat ja sehr wahrscheinlich noch nie ein Autor beständig an den Leser gedacht.

So, und nun kann ich mit Palais oder Adelspalästen dienstfertig aufwarten und zwar folgendermaßen:

Ich trumpfe förmlich auf, denn mit solchem halbverfallenen Edelsitz und Patrizierhaus, altersgrauen, parkumgebenen stolzen Rittersitz und Herrenhaus, wie das ist, das jetzt hier auftaucht, kann man Staat machen, Aufsehen erregen,

Neid erwecken, Bewunderung hervorrufen und Ehre einheimsen.

Mancher arme, feine Literat wohnte mit Herzenslust und höchstem Vergnügen in einem Schloß oder Burg mit Hof und Einfahrt für hochherrschaftliche, wappengeschmückte Wagen. Mancher genußfreudige, arme Maler träumt von zeitweiligem Aufenthalt auf köstlichen, altertümlichen Landsitzen. Manches gebildete, doch leider scheinbar bettelarme Stadtmädchen denkt mit wehmütigem Entzücken und idealem Eifer an Teiche, Grotten, hohe Gemächer und Sänften und sich selbst bedient von eilfertigen Dienern und edelmütigen Rittern.

Auf dem Herrschaftshaus, das ich vor mir sah, d. h. mehr an als auf ihm, war die Jahreszahl 1709 zu sehen sowohl wie zu lesen, was mein Interesse natürlich lebhaft erhöhte. Mit beinah an Entzücken grenzender Neugierde schaute ich als Natur- und Altertumsforscher in den verträumten, alten, sonderbaren Garten hinein, wo ich in einem Bassin mit reizend plätscherndem Springbrunnen den seltsamsten, meterlangen Fisch, nämlich einen einsamen Wels, leicht entdeckte. Ebenso sah und konstatierte ich, und stellte ich mit romantischer Wonne fest einen Gartenpavillon in maurischem oder arabischem Stil, reich mit Himmelblau, geheimnisvollen Sternen, Braun und ernstem, edlen Schwarz bemalt. Mit höchst feinem Verständnis witterte ich alsogleich heraus, daß der Pavillon ungefähr im Jahre 1858 errichtet worden sein mochte, ein Ermitteln, Erraten und Herausriechen, das mich möglicherweise berechtigt, diesbetreffs gelegentlich eine einschlägige Vorlesung im Rathaussaal vor vielem beifallfreudigem Publikum mit ziemlich stolzem Gesicht und selbstbewußter Miene zuversichtlich abzuhalten. Den Vortrag erwähnte sehr wahrscheinlich dann die Presse, was mir selbstverständlich nichts als lieb sein könnte, da sie manchmal allerlei mit keinem Sterbenswörtchen erwähnen mag, wie tatsächlich vorkam.

Indem ich den persischen Pavillon sorgsam studierte, fiel mir ein, zu denken: »Wie schön muß es hier des Nachts sein, wenn von undurchdringlichem Dunkel umflort, alles ringsherum still und schwarz und lautlos wäre, Tannen aus dem Dunkel zart hervorragen, mitternächtlicher Schauer den Wanderer festhält, und eine Lampe, die süßen, gelblichen Schein verbreitet, nun in den Pavillon von einer reizgeschmückten Frau hineingetragen wird, die dann, von eigentümlichem Geschmack und seltsamer Seelenanwandlung bewogen, auf dem Piano, womit in diesem Fall unser Gartenhaus natürlich ausgestattet zu sein hätte, Lieder zu spielen beginnt, wozu sie, insofern der Traum erlaubt sein sollte, mit entzückend schöner Stimme singen würde, daß man lauschen und träumen und über die Nachtmusik glücklich sein müßte.«

Aber es war nicht Mitternacht und weit und breit weder ein ritterliches Mittelalter, noch irgend ein Jahr Fünfzehn- oder Siebzehnhundert, sondern heller Tag und dabei Werktag und ein Trupp Leute nebst einem der unhöflichsten, unritterlichsten, barschesten, impertinentesten Automobile, die mir je begegneten, störten mich an der Fülle meiner gelehrten Betrachtungen sehr und warfen mich im Handumdrehen aus aller Schloßpoesie und Vergangenheitsträumerei derartig heraus, daß ich unwillkürlich ausrief:

»Zwar ist unglaublich grob, wie man mich hier hindert, die feinsten Studien zu machen und mich in die vornehmsten Vertiefungen zu versenken. Obwohl ich Grund hätte, ungehalten zu sein, will ich lieber sanftmütig sein und manierlich dulden; der Gedanke an vorübergegangenes Schönes und Holdes, und das blasse Gemälde versunkenen Edelsinnes mögen immerhin süß sein; Mitwelt und Mitmenschen wird man deswegen noch absolut nicht Ursache haben, den Rücken zu drehen. Man kann sich unmöglich einreden, daß man berechtigt sei, Leuten und Einrichtungen zu grollen, weil sie die Stimmung desjenigen nicht beachten, der den Wunsch hat, sich in Geschichtliches und Gedankliches zu verlieren.«

»Ein Gewittersturm«, dachte ich im Weitergehen, »wäre hier sicherlich herrlich. Hoffentlich erlebe ich gelegentlich einen solchen.«

Einen ehrlichen, kohlrabenschwarzen Hund, der im Weg lag, beehrte ich mit folgender, spaßhafter Ansprache:

»Kommt dir scheinbar gänzlich unbelehrtem, unkultiviertem Burschen wirklich nicht von Ferne in den Sinn, aufzustehen und mich zu begrüßen, wo du mir doch am Schritt sowie am übrigen Gehaben sofort ansehen kannst, daß ich ein Mensch bin, der volle sieben Jahre lang in Welt- und Hauptstädten lebte und während dieser Zeit aus überaus angenehmem Umgang mit ausschließlich gebildeten und bedeutenden Leuten keine Minute, geschweige Stunde oder gar Monat und Woche lang herausgekommen ist? In welche Schule bist denn du, ruppiger Gesell, eigentlich gegangen? Wie? Nicht einmal eine Antwort gibst du mir? Bleibst ruhig liegen, schaust mich unverschämt an, zerziehst keine Miene, bist unbeweglich wie ein Monument? Welch ein Grobian!«

Tatsächlich gefiel mir jedoch der Hund in seiner treuherzigen, humorvollen Ruhe und Gelassenheit ungemein gut, und da er mich fröhlich anblinzelte, dabei aber bestimmt nicht verstand, was ich redete, so durfte ich mir herausnehmen, ihn zu schelten, was ich aber, wie aus possierlicher Redeweise zur Genüge hervorgegangen sein wird, kaum irgendwie böse gemeint haben konnte.

Beim Anblick eines höchst soigniert dahintrabenden, wackelig stolzierenden, feinen, steifen Herrn, hatte ich den wehmütigen Gedanken: »Ist es möglich, daß solch ein prächtig gekleideter, grandios aufgeputzter, glänzend ausstaffierter, austapezierter, ring- und schmuckbehangener, geschniegelter, gewichster Herr nicht einen Augenblick lang an vernachlässigte, kleine arme, schlechtgekleidete, junge Geschöpfe denkt, die doch oft genug in Fetzen einhergehen, traurigen Mangel an Säuberlichkeit offenbaren und kläglich verwahrlost sind? Geniert sich der Pfau kein bißchen? Fühlt sich der Herr Erwachsene beim Anblick fleckiger, schlechtgepflegter Jugend ganz und gar nicht betroffen? Wie können erwachsene Menschen Lust zeigen, geschmückt einherzugehen, so lange es Kinder gibt, denen jeder äußere Schmuck mangelt?«

Vielleicht könnte man aber mit ebensoviel Recht sagen, daß niemand ins Konzert gehen oder eine Theatervorstellung besuchen oder sonst irgendwelche Lustbarkeit genießen sollte, solange es Strafanstalten mit unglücklichen Gefangenen in der Welt gebe. Solches geht selbstverständlich zu weit; denn wenn jemand mit Genießen so lange warten wollte, bis er weder Armut noch Unglück mehr antreffen würde, so müßte er bis ans unausdenkbare Ende aller Tage und bis ans graue, eisigkalte, öde Ende der Welt warten, und bis dahin dürfte ihm jedwede Lebenslust gründlich vergangen sein.

Eine zerzauste, zerarbeitete, zermürbte, wankende Arbeiterin, die auffällig müde und geschwächt und trotzdem hastig daherkam, weil sie offenbar rasch noch allerlei auszurichten hatte, mahnte mich im Augenblick an verwöhnte Töchterchen oder höhere Töchter, die oft nicht zu wissen scheinen, mit was für Art von zierlicher, vornehmer Beschäftigung oder Zerstreuung sie ihren Tag zu verbringen haben, die vielleicht nie rechtschaffen müde sind, die tage- und wochenlang darüber nachdenken, wie sie sich tragen könnten, um den Glanz ihres Bildes zu erhöhen, die Zeit in Hülle und Fülle haben, umständliche Betrachtungen anzustellen, was sie bewerkstelligen sollen, damit mehr und mehr übertriebene, kränkliche Finessen ihre Person und süßes, zuckerbäckerhaftes Figürchen einhüllen.

Doch bin ich ja meistens selber ein Liebhaber und Verehrer derlei liebenswürdiger, bis ins äußerste gepflegter, mondscheinhaft zarter, schöner Mädchenpflanzen. Ein reizendes Backfischchen könnte mir beinahe befehlen, was es wollte, ich würde ihm blindlings gehorchen. Wie ist Schönheit schön und Hinreißendes hinreißend!

Wieder komme ich auf Architektur und Baukunst zu sprechen, wobei ein Stückchen oder Fleckchen Literatur zu berücksichtigen sein wird.

Vorher eine Bemerkung: Alte, edle, würdige Häuser, historische Stätten und Bauten mit billiger Blümchen- und anderer Ornamentik zu beputzen, kündigt denkbar schlechten Geschmack an. Wer dies tut, oder tun läßt, sündigt gegen den Geist des Würdigen und Schönen, und verletzt die Erinnerung an unsere ebenso tapferen wie edlen Vorfahren.

Zweitens bestecke und bekränze man nie Brunnen-Architekturen mit Blumen, die an sich freilich schön, doch gewiß nicht dazu da sind, um die edle Strenge, ernsthafte Schönheit von Steinbildern zu verlarifaren und verwischen. Überhaupt kann Vorliebe für Blumen in gänzlich dumme

Blumensucht ausarten. Hier wie in anderer Hinsicht, suche man sich zu mäßigen. Persönlichkeiten, wie Magistrate usw. können sich, falls sie so freundlich sein und dies etwa tun wollen, jederzeit autoritativen Ortes gefällig erkundigen und sich hernach gütig hübsch darnach verhalten.

Um zwei interessante Gebäulichkeiten zu erwähnen, die mich in ungewöhnlich hohem Grade fesselten, sei mitgeteilt, daß ich, meinen Weg weiter verfolgend, vor eine seltsame Kapelle kam, die ich sogleich Brentano-Kapelle nannte, weil ich sah, daß sie aus phantasieumwobener, glanzumhauchter, halb heller, halb dunkler Romantikerzeit stamme. Der große, wilde, stürmische Roman »Godwin« von Brentano fiel mir ein. Hohe, schlanke Bogenfenster gaben dem originellen Gebäude ein sonderbares, liebliches, zartes Ansehen und verliehen ihm den Geist der Innigkeit und einen Zauber von gedankenhaftem Leben. Feurige, tiefsinnige Landschaftsschilderungen von eben erwähntem Dichter kamen mir in Erinnerung, namentlich die Beschreibung deutscher Eichenwälder.

Bald darauf stand ich vor der Villa, genannt »Terrasse«, die mich an den Maler Karl Stauffer-Bern, der hier zeitweise wohnte, und gleichzeitig an gewisse feine, vornehme Baulichkeiten mahnte, die an der Tiergartenstraße zu Berlin stehen und um hoheitsvollen, schlichtklassischen Stiles willen, den sie zum Ausdruck bringen, sympathisch und sehenswürdig sind.

Das Staufferhaus wie die Brentano-Kapelle stellten sich mir wie Denkmäler zweier streng voneinander getrennter Welten dar, die beide auf eigentümliche Art anmutig, unterhaltend und bedeutend sind: Hier die gemessene, kühle Eleganz, dort der übermütige, tiefsinnige Traum. Hier etwas Feines und Schönes, dort etwas Feines und Schönes, aber

als Wesen und Bildung völlig verschieden, obwohl einander der Zeit nach nah.
Auf meinem Spaziergang will es, wie mir übrigens scheint, allmählich anfangen zu abenden. Das stille Ende, glaube ich, sei nicht mehr gar so fern.
Einige Alltäglichkeiten und Verkehrserscheinungen sind hier vielleicht ganz am Platz, nämlich etwa der Reihe nach: Eine stattliche Klavierfabrik nebst einigen andern Fabriken und Etablissementen, eine Pappelallee dicht neben einem schwärzlichen Fluß, Männer, Frauen, Kinder, elektrische Straßenbahnwagen, ihr Krächzen und der ausschauende verantwortliche Feldherr oder Führer, ein Trupp reizend gescheckter und gefleckter, blaßfarbiger Kühe, Bauernfrauen auf Bauernwagen und dazu gehöriges Rädergeroll und Peitschenknallen, etliche schwerbepackte, hochaufgetürmte Lastwagen, Bierwagen mit Bierfässern, heimkehrende, aus der Fabrik hervorströmende und -brechende Arbeiter, das Überwältigende solchen Massenanblickes und -Artikels und seltsame Gedanken hieraufbezüglich; Güterwagen mit Gütern vom Güterbahnhof herfahrend, ein ganzer fahrender, wandernder Zirkus mit Elefanten, Pferden, Hunden, Zebras, Giraffen, in Löwenkäfigen eingesperrten grimmigen Löwen, mit Singalesen, Indianern, Tigern, Affen und einherkriechenden Krokodilen, Seiltänzerinnen und Eisbären und all dem nötigen Reichtum an Gefolge, Dienerschaft, Artistenpack und Personal; weiter: Jungens mit hölzernen Waffen bewaffnet, die den europäischen Krieg nachahmen, indem sie sämtliche Kriegsfurien entfesseln, ein kleiner Galgenstrick, der das Lied »Hunderttausend Frösche« singt, worauf er mächtig stolz ist; ferner: Holzer und Waldmenschen mit Karren voll Holz, zwei bis drei Prachtschweine, wobei sich die allzeit lebhafte Phanta-

sie des Beschauers die Köstlichkeit und Annehmlichkeit eines herrlich duftenden, fertig zubereiteten Schweinebratens so gierig wie möglich ausmalt, was ja verständlich ist; ein Bauernhaus mit Sinnspruch über der Einfahrt, zwei Böhminnen, Galizierinnen, Slavinnen, Wendinnen oder gar Zigeunerinnen mit roten Stiefeln, pechschwarzen Augen und dito Haar, bei welchem fremdartigen Anblick man unwillkürlich an den Gartenlaubenroman »Die Zigeunerfürstin« denkt, der zwar in Ungarn spielt, was aber kaum in Betracht fällt, oder an »Preziosa«, die freilich spanischen Ursprungs ist, was aber durchaus nicht so genau genommen zu werden braucht.

Ferner an Läden: Papier-, Fleisch-, Uhren-, Schuh-, Hut-, Eisen-, Tuch-, Kolonialwaren-, Spezerei-, Galanterie-, Mercerie-, Bäcker- und Zuckerbäckerläden. Und überall, auf allen diesen Dingen, liebe Abendsonne. Ferner viel Lärm und Geräusch, Schulen und Schullehrer, letztere mit Gewicht und Würde im Gesicht, Landschaft, Luft und etliche Malerei.

Ferner nicht zu übersehen oder zu vergessen: Aufschriften und Ankündigungen, wie »Persil« oder »Maggis unübertroffene Suppenrollen« oder »Continental-Gummiabsatz enorm haltbar« oder »Grundstück zu verkaufen« oder »Die beste Milchschokolade« oder ich weiß wahrhaftig nicht, was sonst noch alles. Wollte man aufzählen, bis alles getreulich aufgezählt wäre, so käme man an kein Ende. Einsichtige fühlen und merken das.

Ein Plakat oder Tafel fiel mir vorzüglich auf. Der Inhalt war folgender:

Kostgängerei

oder feine Herrenpension empfiehlt feinen oder mindestens besseren Herren ihre prima Küche, die derartig ist, daß wir mit ruhigem Gewissen sagen können, sie befriedige nicht nur den verwöhntesten Gaumen, sondern entzücke auch noch den lebhaftesten Appetit. Auf allzu hungrige Mägen zu reflektieren, möchten wir indessen lieber verzichten.

Die Kochkunst, die wir darbieten, entspricht höherer Erziehung, womit wir angedeutet haben möchten, daß es uns lieb sein wird, nur wahrhaft gebildete Herren an unserer Tafel schmausen zu sehen. Kerlen, die ihren Wochen- und Monatslohn vertrinken und daher nicht prompt zu zahlen imstande sind, wünschen wir nicht im entferntesten zu begegnen; vielmehr rechnen wir in bezug auf sehr geehrte Kostgängerschaft mit durchweg zartem Anstand sowohl wie gefälligen Manieren.

Reizende, artige Töchter pflegen an unsern köstlich gedeckten, mit Blumen aller Art geschmückten, appetitlichen Tischen zu servieren. Wir sprechen dies aus, damit Herren Reflektanten einsehen, wie nötig es sei, sich von dem Augenblick an fein zu benehmen und tatsächlich flott und proper aufzuführen, wo allfälliger Herr Pensionär seinen Fuß in unsere estimable, respektable Pension setzt.

Mit Wüstlingen, Raufbolden, Prahlhelden und Großtuern wollen wir ganz entschieden nichts zu schaffen haben. Solche, die Anlaß zu haben glauben, sich zu sagen, daß sie wirklich zu dieser Sorte gehören, wollen so gütig sein, unserem Institut ersten Ranges möglichst fern zu bleiben und uns mit ihrer unangenehmen Gegenwart freundlichst zu verschonen.

Hingegen wird uns jeder nette, zarte, höfliche, artige, zuvorkommende, freundliche, fröhliche, doch nicht übermäßig freudige, sondern eher bescheidene, feine, leise, vor allen Dingen aber zahlungsfähige, solide Herr fraglos in jeder Hinsicht willkommen sein; er soll aufs beste bedient und auf das allerhöflichste und freundlichste behandelt sein; solches versprechen wir ehrlich und denken es allzeit zu halten, daß es eine Lust ist.

Solch netter, reizender Herr soll auf unserer Tafel so ausgesuchte Leckerbissen finden, wie er die größte Mühe haben würde, sie irgendwo anders anzutreffen. Tatsächlich gehen aus unserer exquisiten Küche wahre Meisterwerke der Kochkunst hervor, was ein Jeder Gelegenheit haben wird, zu bestätigen, der es mit unserer Kostgeberei versuchen will, wozu wir ihn angelegentlich ermuntern und jederzeit eifrig und eindringlich auffordern.

Das Essen, das wir auf den Tisch setzen, übersteigt sowohl an Güte wie an Menge jeden einigermaßen gesunden Begriff. Keine noch so lebhafte Einbildungskraft vermag sich die delikaten, mundwässernden Bissen auch nur annähernd vorzustellen, die wir zu verabfolgen und vor die freudig erstaunten Gesichter unserer werten Herren Eßmannschaften zu stellen gewöhnt sind.

Wie bereits betont wurde, können jedoch lediglich nur bessere Herren in Betracht kommen, und um sowohl Irrtümer zu vermeiden, wie Zweifel zu beseitigen, wolle man uns gefälligst erlauben, diesbezüglich unsere Auffassung kurz kundzugeben.

In unsern Augen ist nur derjenige ein wirklich besserer Herr, der von Feinheit und Bessersein sozusagen strotzt, das heißt, einer, der in jeder Beziehung halt einfach viel besser ist, wie sonstige schlichte Leute.

Leute, die weiter nichts wie schlicht sind, passen uns durchaus nicht.

Ein besserer Herr ist nach unserer Meinung nur derjenige, der sich möglichst viel eitles, albernes Zeug einbildet, der überzeugt zu sein entschlossen ist, seine Nase sei weitaus feiner und besser als irgend welchen beliebigen andern guten vernünftigen Menschen Nase.

Das Betragen eines bessern Herrn spricht eben hervorgehobene, eigenartige Voraussetzung deutlich aus, und hierauf verlassen wir uns. Wer demnach nur gut, grad und ehrlich ist, sonst aber weiter keinen bedeutsamen Vorzug aufweist, der bleibe uns bitte fern.

Für die sorgfältige Auswahl von ausschließlich feinsten und gediegensten bessern Herrn besitzen wir das allerfeinste Verständnis. Wir merken am Gang, an der Tonart, an der Art und Weise, Unterhaltung anzuknüpfen, an Gesicht und Bewegungen, namentlich an der Kleidung, am Hut, am Stock, an der Blume im Knopfloch, die entweder existiert oder nicht, ob ein Herr zu den besseren Herren gehöre oder nicht. Der Scharfblick, den wir hierin besitzen, grenzt an Zauberei, weshalb wir zu behaupten wagen, daß wir in solcher Hinsicht uns beinahe eine gewisse Genialität zumuten.

So, und nun wird man wissen, auf was für Art von Leuten wir zählen, und kommt ein Mensch zu uns, dem wir von weitem ansehen, daß er sich für uns und unsere Anstalt nicht recht eigne, so sagen wir ihm: »Wir bedauern sehr und es tut uns herzlich leid.«

Zwei bis drei Leser werden vielleicht in die Wahrscheinlichkeit derartigen Plakates einige Zweifel setzen, indem sie meinen, daß man nicht recht daran glauben könne.

Da und dort mögen Wiederholungen vorgekommen sein, doch möchte ich bekennen, daß ich Natur und Menschenleben als eine ebenso ernste wie reizende Flucht von Anlehnungen anschaue, was mir eine Erscheinung zu sein dünkt, wovon ich glaube, daß sie schön und segensreich sei.

Daß es manchenortes durch vielfache Überreizung verdorbene, sensationslüsterne Neuigkeitenschnapper gibt, die unglücklich sind, wenn sie nicht fast jede Minute nach niedagewesenen Genüssen lüsten können, ist mir wohl bewußt.

Im großen und ganzen scheint mir stetiges Bedürfnis nach Genuß und Kost von immer wieder gänzlich neuen Dingen ein Zug von Kleinheit, Mangel an innerem Leben, Naturentfremdung und mittelmäßiger oder fehlerhafter Auffassungsgabe zu sein. Kleine Kinder sind es, denen man immer irgend etwas Neues und Anderes vorführen soll, damit sie nicht unzufrieden seien. Der ernsthafte Schriftsteller kann sich keineswegs berufen fühlen, Anhäufung des Stofflichen zu besorgen, unruhiger Gier behender Diener zu sein; er fürchtet sich folgerichtigerweise vor einigen Wiederholungen absolut nicht, wie wohl er sich selbstverständlich stets emsig Mühe gibt, häufige Ähnlichkeiten fleißig zu verhüten.

Es war nun Abend geworden, und da gelangte ich auf hübschem, stillen Weg oder Seitenweg, der unter Bäumen hinlief, zum See hinaus, wo der Spaziergang endete.

In einem Erlenwäldchen, nahe am Wasser, war eine Knaben- und Mädchenschule versammelt, und der Pfarrer oder Lehrer erteilte inmitten der Abendnatur Naturunterricht und Anschauungslehre. Mir fielen, indem ich langsam weiterging, zweierlei Gestalten ein.

Vielleicht infolge umfassender Ermüdung oder aus sonstigem Grunde dachte ich an ein schönes Mädchen und daran, wie ich in weiter Welt so allein sei, was unmöglich recht sein könne.

Selbstvorwürfe rührten mich von hinten an und traten mir von vorne in den Weg. Gewisse böse Erinnerungen bemächtigten sich meiner. Allerlei Anklagen, die sich gegen mich selber richteten, machten mir das Herz schwer. Stark hatte ich zu kämpfen.

Während ich in der Umgebung, teils in einem Wäldchen, teils im Felde Blumen suchte und sammelte, fing es leise an zu regnen, wodurch das zarte Land noch zarter und stiller wurde. Da ich auf den Regen lauschte, der sanft auf die Blätter herabrieselte, war mir, als weine es. Wie ist schwacher, warmer Sommerregen süß!

Alte, längst vergangene Verfehlungen fielen mir ein, Treubruch, Trotz, Falschheit, Hinterlist, Haß und vielerlei unschöne, heftige Auftritte, wilde Wünsche, ungezügelte Leidenschaft. Deutlich stieg mir auf, wie ich manchen Leuten weh getan und Unrecht zugefügt hatte. Im ringsum flüsternden feinen Geräusche steigerte sich meine Nachdenklichkeit bis zur Trauer.

Wie eine Schaubühne voll spannender, dramatischer Szenen öffnete sich vor mir das ehemalige Leben, derart, daß ich über meine zahlreichen Schwächen, mannigfaltigen Unfreundlichkeiten, sowie über die vielen Lieblosigkeiten, die ich hatte fühlen lassen, unwillkürlich staunen mußte.

Da trat mir die zweite Gestalt vor die Augen, und plötzlich sah ich den alten, verlassenen, armen Mann wieder, den ich vor einigen Tagen, und zwar so erbärmlich, blaß, leidvoll, todesmatt, zum Sterben kläglich am Boden liegen gesehen hatte, daß mich der seelenbeengende Anblick tief erschreckte. Den müden Mann schaute ich jetzt im Geiste, wovon mir beinah übel wurde.

Da ich mich irgendwo hinzulegen wünschte und sich zufälligerweise ein trauliches Uferplätzchen in nächster Nähe zeigte, so machte ich es mir, erschöpft wie ich mich fühlte, auf weichem Boden unter freundlichen Baumes treuherzigem Geäste so bequem wie ich konnte.

Erde, Luft und Himmel betrachtend, faßte mich der betrübliche, unwidersetzliche Gedanke an, der mich nötigte, mir zu sagen, daß ich zwischen Himmel und Erde ein armer Gefangener sei, daß wir alle auf solche Art kläglich eingesperrt seien, daß es für uns alle nirgends einen Weg in die andere Welt gebe, als den einen, der ins finstere Loch, in den Boden hinein, in das Grab hinabführt.

»So muß das reiche Leben, alle schönen, hellen Farben, Lebensfreude und alle menschliche Bedeutung, Freundschaft, Familie und die Geliebte, die zärtliche Luft voll fröhlicher, entzückender Gedanken, die Vater- und Mutterhäuser und lieben, sanften Straßen, Mond und hohe Sonne und die Augen und Herzen der Menschen eines Tages hinschwinden und sterben.«

Indes ich die Menschen im Stillen um Verzeihung bat, und nachdenklich liegen blieb, kam mir wieder das jugendfrische Mädchen in Sinn, das einen so kindlich-hübschen Mund und so reizende Wangen hatte. Lebhaft stellte ich mir vor, wie mich ihre körperliche Erscheinung in ihrer melodischen Weichheit entzücke, wie sie aber vor kurzer Zeit, als ich sie fragte, ob sie glaube, daß ich ihr aufrichtig zugetan sei, im Zweifel und Unglauben die schönen Augen niedergeschlagen und »nein« gesagt hatte.

Umstände ermunterten sie zu verreisen, wodurch sie mir entschwand. Doch würde ich sie wahrscheinlich haben überzeugen können, daß ich es gut mit ihr meine. Ich würde ihr rechtzeitig haben sagen sollen, daß meine Neigung durchaus ehrlich sei.

Es wäre sehr einfach und gewiß nur recht getan gewesen, ihr offen zu bekennen: »Ich liebe Sie. Alle Ihre Angelegenheiten sind mir wichtig wie die eigenen. Aus vielen lieben, schönen Gründen liegt mir daran, Sie glücklich zu ma-

chen.« Da ich mich aber weiter nicht bemüht hatte, war sie fortgegangen.
»Habe ich Blumen gepflückt, um sie auf mein Unglück zu legen?« fragte ich mich, und der Strauß fiel mir aus der Hand. Ich hatte mich erhoben, um nach Hause zu gehen, denn es war schon spät und alles war dunkel.

Das Bild des Vaters

In einem altertümlichen, netten Haus, das dicht vor der Stadt liegt, starb vor kurzem ein alter Mann, den die Leute bisher stets seinen Geschäften nachgehen sahen, denen er sich bis zum letzten Erdentage mit unverminderter Sorgsamkeit gewidmet hatte.

Auf die Nachricht vom Ableben ihres Vaters eilten die längst erwachsenen Kinder, so rasch als es sich unter eigentümlichen Umständen tun ließ, an das Totenbett herbei, wo sie den guten Mann still, kalt und reglos liegen sahen mußten, der aus diesem Leben fort- und in ein unbekanntes hinübergegangen war.

Mit einem Ausdruck von Freundlichkeit noch auf dem bleichen, leblosen Gesicht lag der Gestorbene, bedeutungsvoller, feierlicher Anblick, vor den Augen der ihn umstehenden Kinder da, die hergekommen waren, um ihn, bevor er im Grab liegen würde, wo hinab alles Irdische gelangen muß, zum letztenmal zu umgeben.

Indem sie fühlten, wie alles Leben arm und eng sei, wollte es sie beinahe unmöglich dünken, daß nun das väterliche Dasein abgelaufen und die noch immer sichtbare Gestalt erloschen wäre. Unglaublich, unerklärlich erschien ihnen, daß der Vater ganz und gar nicht mehr existieren, sondern für immer geendigt haben solle, sie ihn nun beerdigen und von da an nie mehr wiedersehen würden.

Während sie, von allerhand niederdrückenden Gedanken betroffen, am Lager des Verblichenen standen, dessen Erscheinung einem Sinnbild der Vergänglichkeit glich, schauten sie einander fragend in die Augen.

Als sie später wieder zu reden vermochten, drehte sich ihr Gespräch, wie man begreiflich finden wird, vorzüglich um den Toten. Gemeinsam nun nochmals umständlich über ihn reden, seine Gewohnheiten betrachten, seinen Lebensgang

überblicken, sich sein Bild vergegenwärtigen, mit leiser Stimme auseinandersetzen zu können, wie er gewesen sei, was er ihnen bedeutet habe, was sie in ihm verlieren würden, gewährte ihnen eine ebenso ernsthafte wie wohltuende Art von Unterhaltung.
Im Nebenzimmer, wohin sie sich bedächtig zurückgezogen hatten, brachte eins ums andere vor, was folgen soll.
Das erste Kind sagte:
Er war ein Mensch vom alten Schlag, einer, der die Zeit verkörperte, die im Dahinschwinden begriffen sein mag. Die Welt nahm er hin, wie sie sich ihm darbot, wie sie im großen und ganzen, trotz vielfacher Änderungs- und Besserungsbestrebungen, wohl immer bleiben wird. Weder gab er sich vielen Gedanken hin, noch machte er sich überflüssig viele Sorgen, litt also durchaus nicht an der Idee, daß er für alles und jedes verantwortlich zu sein habe. Harmlos, wie er war, durfte er mit angenehmem Gottvertrauen durch das Leben gehen. Von Verfeinerung wußte er nie viel oder überhaupt nichts.
Schwächen und Mängel besaß er ganz gewiß, gestand dieselben jedoch gerne ein. Da er seine Mitmenschen gutwillig nahm, wie sie waren, so glaubte er auch sich selber allzeit geben zu dürfen, wie er war, was auf schöner Gegenseitigkeit beruhte. Schwere Vorwürfe machte er weder den Menschen noch sich selber, wagte vielmehr dem Grundsatz leben und leben lassen vertraulich zu huldigen. Als einer Frohnatur lag ihm jederlei Grübeln völlig fern. Das Leben, dessen warmer Freund er sich wußte, hat er sich, selbst in peinlichen Zeiten, nie zu vergällen verstanden. Immer kam er, wie von selber, auf freundliche ergötzliche Gedanken, die ihn alle Sorgen leichter tragen ließen. Langandauerndem Trübsinn gab er sich nie preis.

Besseres, als was mancher gewalttätige Mensch durch den sogenannten Willen zur Macht leisten mag, verrichtete er durch die Kraft, nachgiebig und geduldig zu sein, sowie durch die stille Gabe der Ironie. Da er mehr treuherzig und sanftmütig als energisch und unternehmerisch war, so gehörte er keinesfalls zu denen, die das Schicksal unterjochen wollen. Gutwillig unterwarf er sich selbst, indem er bescheiden den Weg ging, der ihm vom Geschick vorgeschrieben wurde. Dafür aber durfte er manche Qual, manchen üblen Gedanken eben diesem Höheren überantworten, weshalb er nie der Quälgeist seiner selbst zu sein brauchte.
Verluste und Niederlagen vermochte er zu vergessen. Die Folgen von erlittenen Unfreundlichkeiten trug er der Welt in keiner Hinsicht nach. Zu hassen verstand er absolut nicht. Umsomehr zeigte es sich, daß er auf liebende Manier zu leiden, Schicksalsschläge heiter hinzunehmen wußte. Sollte derlei Kunst nicht um vieles bedeutender und schöner sein, als manche sonstige Künste?
Rücksichtsloses Überrennen von Hindernissen, kaltblütiges Draufgehen sagten ihm, so lange er lebte, nicht im mindesten zu. Seine Natur war höflich und im schönsten Sinn gefällig und gesellig. Ehe er auf andere trat oder jemand auf die Seite schob, ließ er lieber auf sich selber treten, ging er lieber selber zur Seite. Hervorragen, grell im Lichte stehen, allen Vorteil an sich selbst reißen, war ganz und gar nicht nach seinem Geschmack.
Einer der fleißigsten Kirchengänger war er kaum, achtete aber Religiosität von Haus aus. Tiefsinnige Worte trug er nie im Mund herum, konnte aber ohnedies ein guter Christ sein. Offenbar fand er, daß es genüge, wenn er menschenfreundlich sei, und das war er. Seine Gutmütigkeit hieß ihn

glauben, er wolle lieber selber dann und wann geplagt sein, als jemand andern zu plagen wagen, lieber selber Beschädigter sein, als die Kühnheit haben, einen andern zu schädigen, und lieber selber Böses dulden, als es andere spüren zu lassen. Weil er stets eher gut als schlau, eher gehorsam als gebieterisch war, blieb er in Seele und Gewissen wie im Erscheinen ruhig und still.

War nicht sein Herz ganz von Artigkeit und Zuvorkommenheit erfüllt? Dienstfertig sein bedeutete für ihn Genießen. Sobald sich ihm Gelegenheit zeigte, jemanden zu bedienen, jemand eine Aufmerksamkeit zu erweisen, lächelte dann das Glück nicht aus allen seinen Bewegungen? Haltung und unbefangenes Benehmen, die er gegenüber dem andern Geschlecht bewies, waren herzgewinnend. Hingezogen fühlte er sich namentlich zu allen einfachen, armen Leuten.

Erklärter Liebhaber jedweden behaglichen Geplauders, wollte er lieber ein Geschäft, mithin unter Umständen einen Gewinn, als eine Plauderstunde vernachlässigt haben, die ihn auf Wochen hinaus erquickte und verjüngte, wie er überhaupt bis ins hohe Alter jung blieb.

Recht merkenswert, sprach das zweite Kind, ist und war stets am Vater, daß er nie nach Wirtshausheldenart zu prahlen begehrte. Politisiert hat er, soweit ich mich zu entsinnen vermag, entweder selten oder überhaupt nie. Daß er sich in Staats- und öffentliche Angelegenheiten auffallend wenig mischte, war durchaus nicht eine Tugend an ihm, entsprach aber jedenfalls seinem bescheidenen Wesen. Mittags zur Tasse schwarzen Kaffee, oder abends bei der Lampe zum Glas Rotwein las er gern und fleißig seine Zeitung. Von selber erklärt sich, daß ein Mensch, wie er, am Regieren, Staatslenken usw. kaum teilnehmen wollen konnte. Er hat sich hierin fraglos herzlich wenig Verdienst und Bedeutung erworben. Da er weniger die Fülle bürgerlicher Tugenden als nur immer eine Fülle rein menschlicher Eigenheiten besaß, so würde er eine große Rolle als Zeitgenosse weder haben spielen wollen, noch je haben spielen können.

So spärlich er indessen hierüber reden mochte, so erwies er sich dennoch in derlei Hinsicht als festen, guten Kenner seiner selber, der genau wußte, welcher Kreis und Umkreis ihm beschieden sei. Danach verhielt er sich.

Leuten, die nicht gern großes Wesen von sich machen, wird in der Regel zu wenig Welt- sowohl wie Selbstkenntnis zugetraut. Die Annahme, daß friedfertige genügsame Menschen nicht ebensogut wie irgend andere alle wichtigen Dinge zu beurteilen und abzuwägen vermögen, beruht auf offenbar leichtfertiger Betrachtung.

Eine fast wundersame Säuberlichkeit und ein unzweifelhaft hoher Grad von Anstand umgaben und schmückten sein enges, kleines Leben. Wo es ihm niemand von nahem, geschweige von weitem anmerkte, zeigte er sich höchst wählerisch, ja sogar feinschmeckerisch. Zartgefühl und Feinsinn waren ihm jedenfalls durchaus nicht unbekannte Gegenden.

Viele, die auf hundert und mehr Meter Entfernung nach feinem Benehmen, hohem Verstand und noch weiß Gott was geduftet haben, stellten sich bei genauerer Prüfung als die schönsten Büffel dar. Anders er, der vieles verstand und dachte, nur aber eben nicht sogleich stets den Verstehenden gespielt, vielmehr im Laufe der Jahre allerlei Erfahrungen, Beobachtungen still für sich behalten haben wollte, sich gegenüber der Welt eher kleiner gab, als wie er ihr schon erschien, indem er alles Große, Gute, Schöne und Mutige mit seinen täglichen Gewohnheiten, artigen, bescheidenen Manieren, die er jahraus, jahrein sehen ließ, wie mit einem Mantel verhüllte.

Echten Menschen ist alles Reklamehafte insofern von Grund auf zuwider, als ihnen keine einzige jener wenig wünschenswerten Eigenschaften gegeben ist, womit Leute, die in den Beifall der Welt verliebt sind, auf den Marktplatz laufen, um daselbst ihre Gaben und Wissenschaften vor den Augen und Ohren der Menge auseinanderzubreiten, Schauspieler und Schauspielerinnen nachzuahmen, was durchaus kein würdiges Beginnen sein kann.

Von ihm darf man sagen, daß er manierlich und ehrlich, auf seine Art überaus vornehm, alles in allem maßvoll und entschieden gescheiter war, als er erscheinen mochte. Glaubhaft ist, daß Leute, wie er, in Wahrheit stets bedeutender sind als in ihrem Auftreten, das an und für sich weiter nicht das mindeste beweist. Einen unscheinbaren Mann genügend würdigen zu können, setzt Menschenkenntnis voraus, die auf der Erde gewiß nicht allzu dicht verbreitet ist.

Daß es recht viele unscheinbare Menschen gäbe, sollte der herzliche Wunsch Aller sein. Jedermann sollte gründlich einsehen lernen, wie Unscheinbarkeit schön und gut ist. Aber es scheint beschlossen zu sein, daß die Menschen nach wie vor dem Unheil nachlaufen, indem sie, eingegrabenem Bedürfnis gehorchend, wertvoll scheinenden Unwert anbeten, um hingegen wahren Wert fortwährend gering zu schätzen. Immer wieder wird man sie denjenigen vergöttern sehen können, der sie zu betören versteht. Wie oft hat es sich herausgestellt, daß ein wahres, armes Kalb blind bewundert, höchlich angestaunt und als Größe ersten Ranges verehrt wurde. Einsichtslosigkeit ist ihnen wie ein

Leckerbissen. Solange Menschen existieren, soll nun einmal aller Ernst des Lebens stets wieder von neuem dadurch gekränkt und entehrt werden, daß der größere Teil derselben sich nach Zuständen des Unsinnes, der Unvernunft und der Entwürdigung sehnt, wodurch sie dartun, daß ihnen Rechtlichkeit, Billigkeit und alles Gesetzte und Gehaltene schmacklos zu sein dünkt.

Eine der Schwächen am guten Mann bestand in der ihm angewachsenen Lust, dann und wann fröhlich und unbefangen zu spotten. Hohn oder Ärgeres waren ihm jedoch in keiner Weise eigen; wissentlich hat er nie jemand beleidigt.

Kann ein redlicher Mensch mit harmloser Art Spott es jemals bös meinen? Gewiß nicht. Er wird nur oft mißverstanden, wodurch er sich einem Verkennen aussetzt, das von Menschen herstammt, die vielleicht boshafter sind als der vermeintliche bösartige Spötter selber.

Die Vorzüge, guten Leistungen, Glücksfälle, Erfolge, Kenntnisse, guten Taten, die seine Mitbürger, sei es da, sei es dort, zu verzeichnen haben konnten, fuhr das dritte Kind fort, anerkannte und würdigte er neidlos, derart, daß die schöne Selbstzufriedenheit, deren er sich erfreute, nicht im geringsten gestört wurde. Ihm war jene Mißgunst unbekannt, die über anderer Leute Freude eine Mitfreude heucheln, dabei aber vor Ärger schier auseinanderplatzen und umkommen möchte. Derartige heimliche Pein hatte er glücklicherweise niemals auszustehen. Dafür verschafften ihm Gönnen und Wohlwollen und unverwüstliche Genügsamkeit, die ihm aus den Augen schauten, all die Sympathie, die er verdiente und erwarben ihm ein Gerngesehensein unter den Menschen.

Einem guten Kind glich er darin, daß er des Mutigen Mut,

des Tüchtigen Tüchtigkeit, des Gewandten Gewandtheit, des Geschickten Geschicklichkeit ehrlich zugab und aufrichtig lobte. War nicht sein Lebenswandel wie ein sanfter Schlaf oder ungestörter Halbschlummer? Blieb sein Herz nicht frisch und gesund? Anspruchslosigkeit und Neidlosigkeit sind süß wie Liebkosungen und gute Trostworte von lieben Pflegerinnen.

Daß er andere immer höher als sich selber achtete, war ohne jede Frage ein Zug von Zärtlichkeit und Menschenliebe an ihm.

Sonderlich viel sorgfältige Erziehung genoß er sicher nicht, früh ging er ins praktische Erwerben, schlug sich mit mangelhafter Bildung und spärlichen Kenntnissen wacker durch die Welt. Einer der sich auf solche Art durchbeißt und -schlägt, muß mir ebenso lieb oder gar noch lieber sein als ein Muster- und Muttersohn, für dessen Erziehung manchmal, wie mir scheint, nur allzuviel Bemühungen verschwendet werden.

Wenn ihm derlei Gunst und Sorgfalt zugeflossen wären, so würde er es womöglich weiter gebracht haben, er wäre dann aber ein anderer geworden, vermutlich ein größerer, doch sicher lange kein so guter und liebenswürdiger. Die Welt würde dann um eine durchaus uneitle, gute, freundliche Gestalt ärmer gewesen sein. Auf uns Kinder würde er lange nicht so günstig eingewirkt haben.

Uns ist er darum solch gutes Beispiel, wir verdanken ihm darum so viel, und ehrenwert erscheint er uns besonders darum, weil er zu kämpfen hatte und aus hartem Kampfe arm, aber fröhlich hervorging.

Siegen und Triumphieren mögen herrlich sein, soviel sie wollen, immer aber bleiben am Erfolge die Tränen von Enttäuschten und Zugrundegerichteten kleben, was jedenfalls unschön ist. Kämpfen mag wohl gut, Siegen jedoch kann unmöglich gut sein. Vater war Gott Lob und Dank durchaus kein Sieger, vielmehr zog er den Kürzeren, seine Lebensfreude aber blieb ihm, ebensowenig ging ihm die Menschenfreundlichkeit verloren.

Indem das vierte Kind sich anschickte, die Rede weiterzuführen, sagte es:

Inwiefern der Vater in seinen Geschäften und deren Verlauf irgendetwa ungeschickt gewesen sein könnte, ist uns keineswegs klar; soll und will des Näheren durch die Kinder überhaupt nicht untersucht sein. Elterliche Fehler auch nur versuchshalber zu erblicken, schickt sich niemals für uns.

Aus der Fremde, wo er sich tüchtig umgeschaut hatte, kehrte er in die damals eben in ermunterndem, höchst annehmbarem Aufblühen begriffene heimatliche Stadt zurück, woselbst er sich als Handwerksmeister ansiedelte, indem er unter durchaus günstigen Umständen, die in immerhin stattlichem Erbteil bestanden, ein eigenes Geschäft gründete, womit er sich, wie man zu sagen pflegt, selbständig machte.

Zu ungefähr selbiger Zeit machte er sich eines Tages, anläßlich irgendwelchen ländlichen Tanzvergnügens, mit dem Mädchen bekannt, das späterhin seine Frau und unsere liebe Mutter wurde, die er durch Artigkeit, verständiges Benehmen, ungezwungenes, fröhliches Liebesgeständnis gewonnen haben mochte.

Einen Brief, den er er ihr dazumal schrieb, der uns heute zum erstenmal zu Gesicht gekommen ist, fanden wir um seiner Zartheit und offenkundigen Ehrenhaftigkeit willen rührend schön. Uns wundert gewiß nicht, daß die junge Frau auf den Inhalt einging, der nach so viel Anmut und

Anhänglichkeit duftet. Eines oder das andere von uns wird den Brief, der uns eine eigentümliche Freude bereitet hat, gelegentlich mit neuem Vergnügen lesen.

Uns könnte vielleicht dann und wann der sicher sehr unschöne Gedanke aufgestiegen sein, daß der Vater, dem einst von zu Hause obenerwähnte, wohltuende Erbschaft zufloß, nun seinerseits uns nicht das geringste an Dingen hinterließ, die uns nützlich und ersprießlich gewesen wären.

Darf man aber völliger Armut nur mit einem Hauche zürnen, die nicht imstand ist zu geben, weil sie sich jedweder Möglichkeit beraubt sieht, Freigebigkeit zu offenbaren? Würde der gute Mann nicht herzlich gern jedem von uns ein Vermögen übermacht haben? Verschwenderisch wie ein Fürst gäbe mancher Arme gerne. Mancher Reiche hingegen gibt endlich einmal mit knapper Müh und Not, falls er dies überhaupt je tut.

Hinterlassen hat uns der Vater die Erinnerung an sein unverkümmert menschliches Bild, das uns ebenso wertvoll, wenn nicht wertvoller und teurer sein muß als Liegenschaften oder Geldsummen. Das Andenken an seine herzensgute Gestalt bietet uns die beste Bereicherung, den sichersten Gewinn, die kräftigste Wohltat dar. Schon durch sein stetiges Bemühen, das er zeigte, sich im Leben aufrecht zu halten, erwies er sich uns im schönsten Sinne wohltätig. Wir glauben, daß wenn wir treulich an ihn denken, wir an guter Weltbetrachtung fort und fort reich sein werden. Wenn der reiche Mann Wohltäter durch klingende Gaben sein kann, so vermag der Arme nur durch sein freundliches Gesicht, Armut und Niedrigkeit, die er unverbittert zur Schau stellt, sichtlich sanftes Dulden und Tragen, wie durch liebenswürdige Figur und tröstliche Erscheinung schon Wohltat zu stiften.

Hierauf übernahm das fünfte Kind den Faden, indem es sprach:
Nicht ohne weiteres ersichtlich, wohl aber immerhin möglich, ist, daß gerade die Mutter es gewesen sein mag, die den Vater in die geschäftliche sowie gesellschaftliche Höhe hinaufgestellt wissen wollte, aus der er, weil er sich schwieriger Lage keineswegs gewachsen zeigte, samt selbstverständlich der verehrungswürdigen Ehrgeizigen, bald wieder herabstürzte.

Wir Kinder glauben fühlen und darum vermuten zu sollen, daß der durchaus unehrgeizige Mann sein schlichtes, festes, zuverlässiges Handwerk hauptsächlich nur auf starken Antrieb der Frau hin fortzugeben wagte. Rechnerischer Waghalsigkeit, kaufmännischer Kühnheit, Weitläufigkeit usw. wollten seine Anlagen jedoch nun und nimmer entsprechen. Das Glück, das ihm zu blühen gehabt hätte, verhöhnte ihn. Vater hat erfahren, daß dasselbe eine gefährliche, ja schnöde Gesellin sei.

Mit seinem Sturz aus jeglichem bürgerlichen Glanz, wie mit allem seinem übrigen unglücklichen Mißlingen mußte er begreiflicherweise derjenigen den tiefsten Schmerz bereiten, der er letzten Endes, falls dies nicht ungeziemend oder unrichtig gesprochen wäre, all sein Mißgeschick mehr oder weniger zu verdanken gehabt haben wird.

Hinsichtlich ihres Mannes Fähigkeiten, Fleiß, Kraft und Tüchtigkeit mochte freilich nun das Vertrauen der Mutter arg erschüttert worden sein. Sie nahm sich das Unglück und damit den Verlust allen Ansehens immerhin wohl fast nur allzu stark zu Herzen. Da er sie beinah unaufhörlich klagen hören mußte, so führte der Vater unmöglich ein schönes Dasein mehr an ihrer Seite.

Obwohl man sich hierin irren kann, möchte man glauben,

daß Frauen in merklich höherem Grad von Äußerlichkeiten abhängig sind als Männer.
Mutter besaß offenbar keinerlei Humor, womit Menschen, denen er eigen ist, die Kraft gewinnen, im Unglück Gleichgewicht zu bewahren und sich mit jeder üblen Lage gutmütig abzufinden.
Verwandte, die hätten helfen können, ließen beide Eltern kalt im Stich.
Wen Mißerfolg und die Ungnade der Dame »Glück« verfolgen, den verfolgt zu gleicher Zeit, und zwar rascher als er wünscht, und eifriger als er fürchtet, die öffentliche Meinung, die im allgemeinen von jeher über Unglückliche geringschätzig dachte und hartes Urteil fällte.
Dementsprechend steht fest, daß noch immer wunder wie rechtschaffen und brav war, wer irgendwie Erfolg aufwies, daß aber, sobald Ungunst sich an wackern Mannes Schritte klammert, er auch schon wieder aufgehört hat, brav und wacker zu sein.
Derartigen Mannes Lebensweg verdunkelt sich wie von selbst. In eine vom Glück verratene Familie schleicht sich, einem Gesellen ähnlich, der sich auf keinerlei Art abweisen lassen will, dichte Unheimlichkeit ein, als wenn es beständig Nacht sei. Jede geringfügige Regung erhält den Anstrich von Düsternis, den Hauch der Trübnis. Was einst wohnlich, zutraulich, heimelig war, hat sich nach und nach in Zerwürfnis, Unglauben, Uneinigkeit verwandelt. Frieden, Liebe und Freude sind zur fortwährenden nutzlosen Anklage, zum aufreibenden Vorwurf geworden.
Der Vater hatte eine zürnende Frau zu ertragen, er verdiente jedoch unbillige Behandlung nie und nimmer, er gab sich immer denkbar große Mühe, meinte es stets gut, hatte immer nur das Beste und Schönste im Sinn gehabt, liebte

und verehrte die Mutter durch alle Unannehmlichkeiten, bösen Zwischenfälle hindurch, in wahrem Meere von täglichen Beschwerlichkeiten, Nöten, Sorgen unausgesetzt aufs höchste, doch schließlich wußte sie dies, sie kannte ihn wohl, ihr konnte er nicht fremd sein, sehr wohl wußte sie, wie warm er immer gewesen sei, wie gut und aufrichtig, und wenn sie ihm Vorwürfe machte, ihn anschuldigte und sich heftig zeigte, so konnte solches Verhalten niemand stärker schmerzen als sie selber.

Ist nicht das Leben ja ein Rätsel? Darf denn jemand hoffen oder sich kühn einbilden, es je lösen zu können? Soll es vorkommen, daß du oder ich, oder wir alle zusammen, uns herausnehmen, uns in den Kopf zu setzen, dieses seltsame Verworrene werde uns in allen Stücken sanft und ganz und gar nur gelinde ablaufen wollen? Dürfte denkbar sein, daß irgendwer sich solches und ähnliches jemals einrede?

Nach seinem Mißlingen trat der Vater quasi in eine bescheidene Ecke. Daß die Leute ihn auf der Straße nunmehr nur noch mit recht schlecht verdeckter Mißachtung grüßten, wobei die Hände träge genug zum Hut hinauf gingen, um besten Falles dessen Rand zu streifen, sah er wohl und merkte er deutlich. Trotzdem ging er ruhig seinen Weg, traf da und dort schlichte Leute an, die nicht das geringste an ihm auszusetzen fanden, die gern mit ihm verkehrten, die ihn fühlen ließen, mit was für Gattung von Menschen er in Zukunft hauptsächlich Umgang zu pflegen habe, womit erklärlich gemacht sein mag, daß er sich im stillen sagte, ein Armgewordener gehöre zu allen andern Nichtbeachteten und Armen.

Die Folgen seines Falles aus dem Ansehen trug er demütig oder, um es genauer zu sagen, mit freundlichem Lächeln; starb deswegen wahrhaftig noch lange nicht, lebte noch gern weiter, tat durchaus nicht, wie Bankdiktatoren und -Direktoren, verfehlte, gewagte Herren Spekulanten, Börsianer und sonstige Finanzindianer abfällig tun, die sich, weil sie verschmähen, geduldig am Leben zu bleiben, sondern vorzuziehen scheinen, anmaßlich umzukommen, eine stolze, impertinente, hochvornehme, dumme, daneben freilich absolut nicht spaßhafte, vielmehr todverursachende, äußerst ernsthafte Kugel à la Trauerspiel von Kotzebue und Compagnie durch den hilflosen Kopf jagen, wofür ich merci beaucoup sage.

Nein, was ihn betrifft, so ist er heiter, bescheiden, vernünftig, friedlich, gänzlich untheatralisch, unhoffärtig, unaufbrausig, unaufgebauscht und unaffektiert gewesen, und der Umstand, daß man ihn nicht hochachtete, konnte ihm keine Viertelstunde lang Verdruß bereiten, weswegen er ein weitaus besserer Philosoph war als viele, die manchmal weiß Gott wie gescheit zu sein meinen, schwierige, dicke Bücher lesen oder gar selber verfassen, dennoch aber sich in Anschauungen gröblich irren können, Nebensachen ungebührlich wichtig nehmen, Hauptsächlichkeiten kläglich mißverstehen und vernachlässigen, und sich daher im Leben und seinen einfachsten Angelegenheiten so ungeschickt wie nur möglich benehmen.

Auffallend geradezu ist, wie der Vater verstanden hat, dem Leben stets von neuem wieder irgend einen Wert abzugewinnen, sich demselben anzupassen.

Still und schön, in gewissem Sinn genußreich, geringes Glück dankbar achtend, lebte er fleißig fort bis zum sanften Tode, der ihm das Licht milde wegnahm, ihm die gute, fröhliche Brust gelinde erdrückte.

Mit ruhiger Stimme brachte das sechste und vorletzte Kind vor:

Darin, daß wir, und zwar offenbar zugunsten der Mutter, die wir freilich immer ganz bestimmt nicht hoch genug ehren und lieben konnten, den unscheinbaren Vater bisher irrtümlicherweise vielleicht unterschätzt, und ohne es zu wollen oder zu wissen, vielfach verkannt haben mögen, sind wir ohne Zweifel ziemlich lange etwas einseitig gewesen.

Nah liegt ja überhaupt, daß Naturen, die den Frieden und das gute Übereinkommen verkörpern, allgemein nur obenhin angeschaut, mithin allzuleicht, und zwar immer eben zugunsten derjenigen gering geachtet werden, die den Sturm und aufwühlende Heftigkeiten in die Welt zu setzen geneigt sind.

Gemäßigtes, ruhiges, mittleres Wesen ragt eben stets am allerwenigsten hervor und macht sich infolgedessen am mindesten bemerkbar.

Gewiß überschätzten wir deshalb die Mutter niemals, haben aber immerhin eine Zeitlang offenbar ganz einfach einzig nur sie angeschaut, dagegen verhältnismäßig dem Vater wahrscheinlich nur geringe, d. h. allzu flüchtige Aufmerksamkeit geschenkt.

Es fertig zu bringen, gleichzeitig auf zweierlei oder vielerlei Wertvolles und Schätzenswertes liebreich zu blicken, muß natürlich schwerer, doch umso erstrebenswerter, weil gewiß schicklicher und edler sein, als nur auf ein Einziges zu achten.

Gerechtigkeithalber ist nötig, daß, wer Gegenstände oder Menschen beurteilen will, nicht sogleich auch schon in ein Vorurteil sinke, sondern womöglich jeder Einseitigkeit fleißig ausweiche, Bevorzugung redlich bekämpfe, um im hellstrahlenden Lichte vorsichtig abwägenden, teilnehmend-schwebenden, ehrfurchtsvoll schwankenden, Ehrlichkeit liebenden, echten Urteiles unerschrocken und unermüdlich zu verharren.

Vorurteil und Vorliebe scheinen mir hart, dick und schwerfällig, dagegen echtes Urteil und echte Liebe weich, reinlich, kläräugig, zart und federleicht zu sein. Unter Voreingenommenheit muß stets entweder ein Mensch oder eine Sache leiden, was unmöglich recht sein kann.

Heute fühlen und sehen wir deutlich, daß alle guten Eigenschaften des Vaters vom Unholden, das er erlebte, verdunkelt oder völlig unsichtbar gemacht worden sind. Verschüttetes wieder ans Licht, von vielerlei Geröll und Schutt Vergrabenes in sorgfältiges Verständnis heraufzuziehen, muß uns darum Pflicht sein, was uns nur freuen kann.

Für gerechte Kinder sind alle beiden Eltern durchaus gleicherweise bedeutend und nie anders als unsäglich gut und schön.

Müßte eine Welt, die unehrerbietige Kinder zeitigen würde, nicht in Trümmer, rauchende Verwahrlosung, abscheuweckende Verzweiflung und Wehgeschrei sinken? Was würden Klugheit, aufgehäufter Glanz und Reichtum und alle großartigen Errungenschaften zu nützen vermögen, wenn die Jugend das Alter nicht mehr wertschätzen, sich über dasselbe erhaben dünken, es auf die Seite stellen und keiner Achtung mehr würdigen wollte? Müßten die Menschen sich nicht gegenseitig vertilgen? Könnte dann die Welt jemals noch etwas anderes als ein Tummelplatz für teuflisches Verderben sein?

Die Idee, die vielleicht einem oder dem andern Kind gelegentlich vorflüstern wollte, daß die Mutter durch den Vater unglücklich gemacht worden sei, kann sicher ohne viele Untersuchung als grundunrichtig erklärt werden. Unglücklich ist die Mutter wahrlich gewesen, doch durch ihn, der ein seelenguter, hilfsbereiter Mann war, ganz bestimmt nicht. Vielmehr werden beide unter durchaus ein und demselben Unglück zu leiden gehabt haben, nur daß offenbar der Vater das auf beide herabstürzende, ungewitterähnliche Leid wesentlich leichter trug und ruhiger hinnahm; Ungunst des Himmels, widriger Umstände Zorn und Schicksalsschläge nachgiebiger sich aufladen ließ und alles Schwere gefälliger, schmiegsamer, kräftiger mit sich schleppte, als die idealistische Mutter, die sich, stolzgesinnt und hochgeartet, wie sie war, gleich freilich herrlicher Rebellin gegen das auf sie niedersausende Gewicht und gegen eine gewiß in keinem Sinne verdiente Züchtigung aus tiefstem Grunde edelempfindender Seele empörte.

Herrische Naturen brechen leichter zusammen, müssen schneller krank und matt werden als geduldige und folgsame. Vater war nur ein anderer, doch sicher nicht schlechterer Mensch wie die Mutter, und am Ende war er halt ein Mann.

Doch finde ich jedenfalls wunderschön, wie sich da zwei gänzlich verschieden geartete Menschen zusammentaten, die, oberflächlich betrachtet, besser nie verknüpft gewesen wären, die sich nun aber einmal vereinigen wollten, um ein fest verbundenes Einziges zu bilden, so stark sie auch an Charakter und in Eigenheiten voneinander abstechen mochten. Dadurch, daß sich hier zwei durchaus gründliche Gegensätze verbanden, mußte allerdings im Laufe der Zeit eines unter dem andern leiden; ihr Zusammenleben war fraglos eine Kühnheit.

Was könnte aber das Leben wert sein, welchen großen, bedeutsamen Anblick vermöchte er darzubieten, wenn es so glatt, hübsch, nett, banal und sauber wie das Einmaleins, ordnungsgemäß wie eine salzlose, trockene, mit Buchstaben geschriebene Regel, gänzlich ohne jede Erschütterung und Prüfung, ohne Sturmwind, Blitz und Donner, ohne Träne, ohne alle Entbehrung und Enttäuschung, ohne Himmel und ohne Hölle verliefe?

Auf das bewunderungswürdige Schauspiel des elterlichen Ehebundes blicken die Kinder mit Ergriffenheit und Staunen, und den vertrauenreichen Wagemut, womit beide unternommen haben, sich gegenseitig zu geben, wie sie einmal waren und vereinigt es mit dem Leben und seinen Gefahren aufzunehmen, müssen sie segnen, weil sie nicht anders als sich sagen können, daß er gut war.

Nicht immer ist das Kluge auch gut. Auf sogenannter Unklugheit beruht mitunter Edelstes. Wer irgendwie kämpfte, sei gesegnet. Da Vater und Mutter kämpften, sind sie schön für uns, sind uns unvergeßlich und haben sich beide in unsern Gemütern ein so anmutiges und liebenswürdiges wie unzerstörbares Denkmal errichtet.

Gesehen zu haben und fernerhin einzusehen, wie sie großherzig waren, wie dagegen wir im Vergleich mit ihnen furchtsam und unentschlossen sind, soll uns als beständige ernste Mahnung unauslöschlich eingeprägt bleiben.

Zuletzt erwähnte noch das siebente Kind:

Am Vater mag eine Neigung zum Gehorchen und Unterordnen sichtbar gewesen sein, wogegen bei der Mutter ein Hang zum Herrschen, Anordnen, Regieren zum Vorschein kam. Man pflegt allgemein zu sagen, daß Gegensätzlichkeiten sich lieben und gern berühren. Daß gerade die ernste Mutter den zu Scherz und Lustigkeit aufgelegten, fröhlichen Vater zum Gatten genommen haben wollte, wird sie genau gewußt haben.

Jetzt ist er dahin.

Das gute Herz und die innige Liebe zum Leben, womit er

jeden geringen Anlaß, sich zu freuen, so warm willkommen hieß, sind tot, und seine menschenliebende Seele ist zu den Unbekanntheiten gegangen.

So werden denn eines Tages auch wir Kinder sterben dürfen.

Bis dahin wollen wir ruhig, still und unauffällig sein, recht nach des lieben Abgeschiedenen Art uns über alle schönen Welterscheinungen herzlich freuen, tun, wie er getan hat, fröhlich sein und freundlich dulden, daß dann auch wir geduldet seien, standhaft und tapfer ausharren wie der uns weggestorbene Gute.

Ging er nicht bis zuletzt in drolligem Genuß mit wahrhaft tiefem Vergnügen im Leben herum?

An den Werken der Jugend nahm er wacker Anteil. Gefälligkeit, Mitteilsamkeit erlahmten ihm nie. Am Ursprungsland, an einigen Freunden und Verwandten, an heiteren Überlieferungen, lieben, guten Herkömmlichkeiten, am Anblick von Stadt und Land, am Himmel, an der alten, doch immer wieder jungen und schönen Erde und am Bilde der Mutter hing er treu.

Nun soll sich keins von uns länger um ihn zu kümmern, nach ihm umzusehen haben. Vieles ist verloren! Unwichtig, belanglos kommen wir uns vor. Mehr als je ist uns lediglich der Staub sichtbar, während das Feste verschwindet.

Da es wohl doch aber schon ziemlich spät ist, so wollen wir jedes seine Schlafstätte und seinen Schlaf aufsuchen. Morgen früh werden wir an die Todesanzeige zu denken haben, die an Leute zu senden sein wird, denen der Vater mehr oder weniger nahe stand.

Uns ist jetzt ums Herz, als sei eine ganze Welt voll Froheit, Helligkeit und Leichtigkeit untergegangen. Doch wird es sich finden, daß wir uns zu trösten und neuen guten Mut zu

fassen wissen werden, denn es soll ja weiter gelebt und gestrebt sein.
Ruhiger dort drinnen im Ruhegemach, das du so schön, so zufrieden belebtest und bewohntest, lebe wohl!
Größere und bedeutendere Menschen leben weniger schön und sterben weniger ruhig wie du.
Da eins von uns zeichnen kann, soll es einen Grabstein entwerfen. Ein anderes wird vielleicht gelegentlich zur Feder greifen, um den Lebensgang und das Bild des Vaters so gut wie möglich niederzuschreiben.

Hans

Wenn Hans etwa nachher, da für ihn vieles anders geworden war, er sich mit gänzlich andern Dingen beschäftigt sah, hin und wieder an die Zeit zurückdachte, die er hauptsächlich mit Schlendern, Herumstreifen und Spazieren verlebte, so mochte er sich mit innigem Vergnügen zu allererst daran erinnern, daß es ihn eines Abends nach dem Nachtessen, als es schon zu dunkeln begann, zum nahegelegenen See hinauszog, wo er sich auf eine unter feingezweigten Weidenbaumes zartem Geäste angebrachte Ruhebank setzte, damit er hier, während es, trüblichem Wetter entsprechend, aus grauem Sommerabendhimmel, als weine es wie aus tränengefüllten Augen, leise ins Wasser regnete, eine Stunde lang träumen könne.

Wie bereits bemerkt, entsann er sich späterhin, da ihm allerlei äußere Umstände längst ganz andere Eindrücke aufgenötigt hatten, überaus deutlich der schönen Abendstunde, die er damals am See erlebte, wo er sich unbehelligt seinen Gedanken überlassen durfte, was ihm lebhafte Freude bereitete; wo mit sorgfältigem, entzückendem Geplätscher die Wellen ans warme, freundliche Ufer schlugen, während aus weichem, dunklem Wasser herzgewinnende, verwandtschaftliche Gestalten, wie zum Beispiel die Gestalt des alten Vaters und die liebenswürdige Erscheinung der Mutter, unter bedeutenden, edlen Gebärden an die Luft emporstiegen.

Über der Landschaft lag eine herrliche Sanftheit und Wehmutschönheit. Von zärtlichen Gewaltsamkeiten herabgezogen, sank der hohe Berg milde und unter wundervoller Gebärde in die Tiefe, wo er sich im blanken Wasser anmutig wiederspiegelte. Der weite See glich einem Kinde, das völlig still ist, weil es schläft und träumt. Ringsherum herrschende allgemeine Ruhe wurde durch das feine Geräusch des Regens noch verstärkt, vergrößert; die Stille, die gleich einem Abendvogel lautlos hin und herrauschte, erfuhr durch einen zaghaften kleinen Wind, der schüchtern aus Westen herwehte, keinerlei Verminderung. Auf abendlichem und später nächtlichem Wasser schwebten, wie von traulichen Empfindungen in Bewegung gesetzt und wie von schönen Ahnungen fortgezogen, einige Boote oder Nachen am Stillsitzenden vorüber, der nur etwa von Zeit zu Zeit vielleicht noch von späten Spaziergängers Schritten am Sinnen gestört werden mochte.

Seines Wissens stand er am nächsten Tag auf dicht am See gelegenen hohen Felsen, von wo aus er mit ebenso verwunderten wie befriedigten Augen in die hellblitzende, von sonnigen Gegenständen und Gebilden glänzende, sanfte Tiefe blickte. Alles Ländliche, Wässerige schimmerte, leuchtete. Der See glich einem glücklichen Lächeln. Der nahe Wald war noch tropfnaß. Hans überlegte, wohin er gehen wolle, glitt dann in den Wald, schlüpfte zwischen nassem Gesträuch hindurch. Das grüne, feuchte, warme Gebüsch und Gestrüpp erschien ihm herrlich. Neben prächtigen Eichen vorbei lief er weiter den Berg hinauf. In der Tiefe lag die nette Stadt wie ein Spielzeug ausgebreitet, was einen köstlichen Anblick darbot. Derlei helle, warme Farben glichen einem mehrstimmigen Gesang. Grün und Blau und Weiß waren die überall herrschend hervortretenden Grundtöne. Mittags war er so pünktlich beim Essen, daß er selber beinah staunte. Sein Spazieren wußte er jeweilen derart einzurichten, daß er die Essenszeit nicht etwa versäumte.

Zu Hause blieb er fast nie. Regenwetter vermochte ihn vom Ausgehen durchaus nicht abzuhalten. Ihm war jederlei Witterung gleicherweise lieb und wert. Da Anzug und Hut, die

er trug, nie die allerschönsten und neuesten waren, so brauchte er solche Dinge auch nicht sonderlich zu berücksichtigen. Auf Hüte, Schuhe, Kleider, Nasen, Stehkragen, Stirne, Haar und Hände herab durfte es seiner Ansicht nach so viel und so oft regnen wie es Lust haben konnte.

Ausnahmsweise saß er im Zimmer und las oder schrieb irgend etwas. Die Welt war zu schön, als daß er viel in der Stube hätte hocken oder, um womöglich ein wenig passender und feiner zu reden, hätte sitzen bleiben und Studien betreiben mögen.

In einer Art Palast in französischem Stil wohnte er, d. h. im fünften Stock, dicht unter dem Dach. Sein Lieblingsbuch war das Erdbeerimareili von Jeremias Gotthelf, eine Erzählung, die er mitunter halblaut für sich vorlas, wobei sich ihm sein Dachzimmer trefflich als Vortragssaal zu eignen schien. Rezitator und horchendes Publikum war er beides offenbar selber.

Das Stubenfenster bot eine recht sehr belebende, unterhaltsame, reizende Aussicht auf einen hellen, häufig volksreichen Platz dar, der irgendwelches Gepräge von Andalusien, d. h. Spanien, trug. Hans meinte, daß er ihn an Toledo erinnere, nämlich der Platz, in den er sich förmlich verliebte, was vermutlich ziemlich überflüssig war. Der da meinte, daß ihn dies und das da an Granada, Madrid, Barcelona, Sevilla und Toledo mahne, hatte übrigens solche Städte nie gesehen, woraus man ersieht, daß er entweder gern prahlte oder gern log, oder gern schwindelte, oder gern dichtete, spann und simulierte. Menschen, die Phantasie haben und Gebrauch davon machen, gelten leicht als Spitzbuben. Dieses nebenbei.

Eine alte Tabakspfeife will hier erwähnt sein, aber hoffentlich nur flüchtig.

Hans, der im ganzen fünf Bücher besaß, mußte über derlei imposante Stadtbibliothek, Kloster-Büchersammlung oder Staatskanzlei selber herzlich und öfters lachen. Ziemlich häufig und regelmäßig trank er Tee, weil derlei Geschlürf oder Getränk, wie er sich einbildete, phantasiewachhaltend wirke, wie überhaupt anregend sei.

Eines Tages erlebte er ein unvergeßliches, prächtiges Gewitter, wobei er besonders eine schwärzliche, längs der Eisenbahnlinie laufende Straße ins Auge faßte, durch die das staubaufwirbelnde Unwetter mit staunenswürdiger Gewalt sauste. Allerlei Männer, Frauen, Kinder liefen hastig davon, als wenn ein entfesseltes Ungetüm im Anzug sei. Flucht, Staub, dichter Rauch, schwüler Wind machten zusammengenommen einen großen Eindruck und lieferten ein beängstigendes und zugleich reizendes Gemälde. Nachher donnerte es, schwerer Regen fiel prasselnd auf Dächer, Straßen und eilende Menschen herab; Blitze durchrissen den Himmel, die ganze Umgebung war mit einmal seltsam dunkel. Später aber sah die Welt freundlicher, anmutiger aus als vorher. Frischer atmend traten die Leute wieder zu den Türen an die gereinigte Luft heraus, wo alles feucht glänzte und zutraulich winkte, Straßen, Häuser und Bäume lieblich schimmerten und grüßten.

Oft lief er für ganze Tage, mit einem Stück Käse, Schokolade, Speck, Wurst oder einem Ei in der Tasche in die Berge, kämpfte mit Durst, Erschöpfung und Hunger, war aber glücklich dabei, da er ja für das Ertragen von körperlichen Anstrengungen förmlich schwärmte, die ihm das Herz mit Feuer und die Seele mit freudigem Stolz erfüllten.

Einsame, hochgelegene, da und dort vom Sturmwind zerrissene Wälder entzückten ihn. Eine Quelle, ein Brunnen oder gelegentlich ein Glas Milch bedeuteten für den ermüdeten Wanderer Befreiung aus allerlei Ermattung. Schneller als er dachte, gewann er verlorne Kräfte zurück, fühlte sich rasch wiederhergestellt. Später wieder in die Ebenen, zu den Menschen und ihren Wohnhäusern, den Obst- und Gemüsegärten, wie zu allen sonstigen, lieben, sanften, vernunftreichen Dingen hinabzusteigen, über den schroffen Felsen wieder zur Kultur, zur Bevölkerung, zu Straßen, Landläufigkeiten, milderer Art hinunterzuklettern, war neue Freude für ihn, die dann gewöhnlich in einem halben oder manchmal auch ganzen Liter Wein ihren blühendglühenden Gipfel fand, womit gesagt sein will, daß sich der durstige Wanderer mit von Liebe erfülltem Gemüt und sonneverbranntem Gesicht in einer Abendlaube oder Wirtshausgartenhäuschen aufhielt, wo er sich vor lauter Genuß selber kaum mehr kannte.

»Für einen Menschen, der viel marschiert, sind gute, derbe, sorgfältig genagelte Schuhe denkbar wichtig«, sagte er zu sich selbst und kaufte folglich in einem feinen Schuhgeschäft flotte Marschier- und Spazierschuhe, die sowohl solide zu sein als auch vorzüglich zu passen schienen, wobei er sich sagte, es sei ihm ein Vergnügen, einheimische Industrie durchaus nicht unwesentlich unterstützen zu dürfen.

Ein Dorfspezereiladen lieferte Stümpen, während ein reizendes, sonniges Schreibmaterialiengeschäft allerfeinstes, zartestes Schreib- und Briefpapier offerierte. Was durfte nicht gegen Barbezahlung glatt fortgenommen und heimgeschafft werden?

Rasieren, frisieren und barbieren ließ sich Hans mit Vorliebe im mittelalterlich aussehenden, höchst gemütlichen Nachbarstädtchen. Indem er sich vom adretten Haarkünstler in säuberliche Behandlung nehmen ließ, redete er mit diesem so ausführlich und umständlich wie ihm belieben mochte über Haar- und Schnurrbartangelegenheiten, derart, daß die ganze freundliche Rasierstube ebenso fleißig lauschen wie ehrlich und aufrichtig staunen mußte.

Auf Ausflügen und Erkundigungsgängen benahm er sich stets gern ungefähr so, daß ihn die Leute, die ja alle seine lieben Mitbürger waren, etwa für einen Notar, Lehrer, Pfarrhelfer, technischen Leiter, Gerichtsbeamten, ernsthaften Steuereinnehmer, Agenten oder Baumeister halten konnten. Hieraus geht klar hervor, daß er sich Mühe gab, stets wie ein Mann und Mensch von durchaus bestimmter Farbe und Berufsrichtung, nicht aber wie ein Kerl auszusehen, dem weder Charakter noch Bestimmung eigen sei.

»Zweckhaft und zielbewußt will und soll ich einher laufen, auch wenn ich vielleicht weiter ganz und gar kein Ziel verfolge und nicht den geringsten vernünftigen Zweck im Auge hätte.«

Manche Leute nahmen ihn für irgendeinen vorübergehenden, vornehmen Fremden, reich ausgestatteten, eigentümlichen Reisenden. Im allgemeinen trat er jedoch wie ein stark und stramm einhertrabender, wichtiger, eiliger, fachkundiger, handeltreibender Geschäftsmann auf, dem anzusehen sei, er denke nicht von ferne, daß er Zeit zu verschwenden habe.

Schulkinder grüßten ihn vielfach artig, weil sie glaubten, er wäre von der Schulkommission. Schaute er nicht fast wie ein Aufsichtsrat und Prüfungsmann aus? Konnte solch ernstes Gesicht und Benehmen mit irgend andern Dingen als Noten und Quartalszeugnissen zusammenhängen? Ganz bestimmt nicht!

Was seinen Hut betraf, so mußte sich selbiger, feierlicher Steifheit sowohl wie seltener Älte wegen doch wohl bald einmal zu behutsamer Aufbewahrung für ein Museum eignen. Hans meinte stark, man merke dem Hut immerhin an, daß er sehr wahrscheinlich einstmals auffällig hübsch gewesen sein müsse. Ehemalige Schönheit vermöge, so sagte er sich, bekanntlich Frauen, warum denn abwechslungsweise nicht auch einmal Hüte interessant zu machen.

Indem Hans es bei derlei überaus angenehmen Bedenken ungemein gern bewenden ließ, dachte er, daß er sich vermutlich nächstes Jahr irgendwelches solide Neue und Nette mit größter Vorsicht bei passender Gelegenheit anschaffe. Daß Geld rar bei ihm war, durfte er mit ruhigem Gewissen und Gesicht jederzeit schwören.

So viel er sich im glücklicherweise ziemlich guten Gedächtnis später erinnerte, sah er um jene Zeit, das heißt an einem der Tage, die aus manchen guten Gründen für ihn bedeutend wurden, weil sie gewissermaßen eine seltsame Art von Übergang, nämlich die Verwandlung eines Alten oder Müden und Verbrauchten in ein völlig Junges, Neues oder Unabgeriebenes und Unbenutztes darstellten, – auf freiem Felde einen erzürnten, erbosten Mann, der ähnlich einem bühnenmäßig handelnden, mit mehr oder minder Glück und Erfolg seine Rolle spielenden Tragöden, laut mit den Lüften redete, wobei er auf schreckliche Manier gestikulierte.

Der wilde, böse Mann ging Hans nie wieder aus dem Kopf. Vielmehr dachte er stets eifrig und eindringlich an die ebenso klägliche, traurige und bedauerliche wie komische und lächerliche Erscheinung.

Mit dem Mann auf freiem Felde harmonierte sozusagen das Wetter selber, da es sich fast ebenso rauh und stürmisch gebärdete wie jener, der mit überlauter Stimme eine Sprache führte und Worte in die Gegend hinausschrie, wie nur ein gegen Gott und Welt ingrimmig sich auflehnender Rebell sie in den Mund nehmen mag, indem er das wildzerrissene Gebäude seiner Empörung gigantenturmhaft bis in den Himmel hinauftürmt, schreckliche Wirkungen verbreitet, grausige Zustände ringsumherschleudert.

Offenbar befand sich der Mann in ungezügeltem Aufruhrzustand. Aus seinen entsetzlichen, grauenvollen Gesten, die zehrenden, fressenden Flammen ähnlich zu sehen schienen, redeten, loderten Verachtung, Zorn, Haß und Grimm.

Wahrscheinlich war er aber ganz einfach nur im Gemüt und Kopf ernstlich krank; denn in der Regel gehen Einsame still ihren Weg, reden nicht derart mit menschenleerem Raum, mit Bäumen und Winden, die für erregter Menschen unbesonnene Aufführung weder Gehör noch Verständnis haben können.

Jemand, an den der Wütende seine zornige Deklamation hätte richten können, war im Umkreis nirgendwo zu erblicken. In nächster Nähe stand nur Hans, den jedoch der wilde Mann, da er ihm den Rücken kehrte, keinesfalls sah.

Demnach redete der in krankhaften Beschimpfungen gegen alles Vorhandene sich auf ganz und gar keine Art Genüge leistende Empörer einzig und allein mit Gespenstern, wesenlosen, durch und durch trockenen, dürren Wahngebilden, höchstens also mit einem Phantom oder mit den eigenen kranken Einbildungen, die ihn in ebensolchem Unmaß zu verführen wie zu verhöhnen schienen.

Er kämpfte mit einem vollkommenen Nichts, schlug sich in lächerlichster Erbitterung mit einem absoluten Unsichtbaren herum, verteidigte sich wie auf Leben und Tod gegen durchaus nur eingebildeten, übermächtigen Angriff, sprach mit Gestalten und Stimmen, die entweder niemand als nur er oder vielleicht nicht einmal er selber sah und hörte.

Alle seine ungestümen Bewegungen waren völlig verschwendet, alles, was er sprach, verhallte ungehört, und sein wüstes Benehmen und Gebaren blieb insofern sinnlos, als niemand Notiz davon nahm, weswegen es nicht die geringste Wirkung ausübte. Die Erinnerung an eine freilich mehr Abscheu wie Mitleid herausfordernde Gestalt blieb als warnendes, abschreckendes Beispiel für Hans immerhin bedeutsam, der jedoch bald hierauf Zuschauer eines wahrhaft schönen Schauspieles wurde.

Zu guter Stunde, das heißt gelegentlich eines netten, reizenden Geschäfts- oder Spazierganges, der sehr kurzweilig und appetitlich verlief, traf er zwei Leute oder Leutchen an, die zu dem eben besprochenen sonderbaren Kauz und bösartigen, gegenüber jedweden gesellschaftlichen, staatlichen oder menschlichen Einrichtungen, Plänen, Beständen, Verordnungen in trüblichstem Zwiespalt und Zerwürfnis befindlichen unheimlichen Gesellen im schönsten und angenehmsten Gegensatze standen, nämlich zwei friedlich an einem Waldrand eng nebeneinander am Boden sitzende freundliche Bettlersleute, die ihm eher alles andere als menschenfeindlich und gehässig zu sein schienen.

Wo jener düstere Andere wüst, wild und toll tat, sich höchst ungebührlich aufführte und daher sofortige Abneigung einflößte, benahmen sich die stillen Leute hier im Waldwinkel so sanft und gutmütig wie sie konnten, weshalb sie ohne weiteres Sympathie verbreiteten, derart, daß Hans mit einer Art von Vergnügen in ihrer Nähe stillstand.

Der Anblick, den Bettlersmann und -Frau dem Vorübergehenden darboten, war rührend, ja offenbar ergreifend, weil er zeigte, wie hier zwei gänzlich Arme in der Abgesondertheit ehrlich, treu und sorglich zusammenhielten, indem sie, durchaus unelend im Leid, vielmehr fromm und innig und freundlich in ihrer Not beieinandersaßen, um alles, was kommen würde, seelenruhig, und wie es schien, fast heiter abzuwarten.

Hans, den das anziehende Gemälde im Augenblick bewegte, sagte im Stillen folgendes zu sich selber:

»Wie ist hier menschliche Not warm und zutraulich abgebildet und ganz harmlos, reizvoll und unbefangen vor den Augen derjenigen hingebreitet, die zufällig vorbeiwandern und diese liebenswürdige, wenngleich auch wehmütige Szene sehen. Muß nicht jeder, der ein empfindungsfähiges Herz besitzt, vor solchem Bilde beinah lächeln und gleichzeitig weinen?«

Ihm kam vor, als wolle aus dem Himmel ein besonders schöner, heller Lichtstrahl auf die Armut herabfallen, die nicht zürnt, sondern in Gottes Namen auf sich nimmt, was ihr vom Schicksal und von den Fügungen zu tragen und dulden befohlen worden ist.

Rund um den Revoltanten dort auf freiem Felde herum stockte es wie dicke, mond- und sternlose Mitternacht; hier beim freundlichen Bettlerpaar aber tönte es wie von Liebes- und Friedensmelodien, flog und flatterte es wie mit Engelsflügeln, war es licht, wie in den Bezirken, wo nach Auffassung aller guten Menschen die Seligen wohnen.

Dem Rebellen auf leerem Feld war vielleicht einmal Unrecht getan worden; doch wohin gelangen wir Menschen, wenn wir kein Unrecht mehr tragen, keine Härte mehr dulden wollen? Bist nicht auch du der Meinung, lieber Leser, daß die selig sein sollen, die das Leben, mag es immerhin auch Schlimmes bringen, gutmütig hinnehmen?

Worte, wie die eben angeführten, sagt eigentlich eher Hans als der Autor, der in der Tat am besten täte, hübsch im Hintergrund zu bleiben und aufs peinlichste zu schweigen, statt sich vorzudrängen, was durchaus nicht gut aussieht.
Takt und Anstand werden nie anders als schön sein. Bescheidenes Beiseitetreten kann als fortwährende Übung nicht dringlich genug empfohlen werden.
Wie hier einer streng und unerbittlich gegen sich selbst verfährt, mag eigenartig bleiben.
Welcher offenkundige, eiserne Wille zur Disziplin!
Soeben tüchtig gemaßregelter Verfasser richtet sich, obwohl recht sehr schüchtern, nunmehr nachgerade auf und meint sowohl kleinlaut wie scheinbar leider ziemlich vorlaut, falls er sich nicht gröblich irre, steige ja reizendster Duft und Wohlgeruch von Speckrösti ihm jetzt in die Nase!
Die Sache soll insofern sogleich untersucht sein, als gemeldet wird, Hans sei nämlich eines Sonntagnachmittages wieder einmal, wie schon oft, keck und vergnüglich spazieren gegangen.
An jedes kleine Einzelne hinsichtlich des schönen Nachmittages vermochte er sich nachträglich unmöglich mehr deutlich zu erinnern. Nur so viel wußte er, daß der Tag warm und milde war, daß der Spaziergänger sich zuerst auf einen Feldstein, nachher aber für eine halbe Stunde lang ans Ufer eines blau und still und wonnig daherfließenden Flusses niedersetzte. Ein Mann, der vorbeiging, sagte Grüßgott. Unsern sicher eher idyllischen als dramatischen, eher spaßigen als tragischen Helden dünkte es wunderschön, den artigen Gruß unbefangen erwidern, unter blauem, leicht bewölktem Himmel im Grünen sitzen und die ringsumliegende gutmütige Gegend sachte betrachten zu dürfen, die,

so weit er blicken konnte, grün, gelb, blau und weiß war, und von einem, Hans wußte selber nicht recht, aus welcher Richtung herwehenden, kindlich zarten, lieben Winde durchhaucht wurde.

Er bekam Lust, aufzustehen und weiter zu gehen. Bei einem alten, ehrwürdigen Gebäude, ehemaligem Kloster, ließ er sich über den Strom setzen. Der Fährmann erschien ihm wie eine Figur von Dürer. Die Schlachten bei Grandson und Murten vergegenwärtigten sich ihm, doch duftete das schöne, gute, unaufgeregte, heitere Land eher nach immerwährendem Frieden, unausgesetzter Nachbarliebe, beständiger, angenehmer Einigung, nach Eintracht, Treue, Seelengüte, als nach Tumult, Waffenlärm und Kampfgeschrei, Feindseligkeiten und roher Verletzung der Ruhe.

Friedreich lagen und standen schöne, ehrbare Häuser und freundliche Gärten da. Auf allen Gegenständen lag reizende Altertümlichkeit. Hans ergab sich einem Träumen, das ihm vorspiegelte, daß er wieder ein kleiner Knabe sei, der neben Vater und Mutter und seinen Geschwistern im Sonntagsabendlichte zart einherspaziere. Indem er solchermaßen träumte, gab es sich, daß alles rundherum unendlich weich und schön wurde, er eine süße Wehmut unmöglich zu unterdrücken vermochte.

Bald indessen erheiterte er sich wieder. Menschenfreude und -Leid, Lebenslust und -Schmerz stiegen als hohe Geistergestalten hold in die blasse, goldene Sommerabendluft empor. Leise schienen ihm die Figuren zu winken. Duft von Flußwasser verbreitete sich in der Gegend. Später saß er vor einem stattlichen Wirtshaus, wo er, während auf reinlicher Landstraße Liebespaare bescheiden vorüberspazierten, sowie auch Fuhrwerke, Radfahrer, Eltern mit Kindern und allerlei sonstige Sonntagsleute langsam oder schneller vorbeizogen, angeregt mit der netten Wirtin plauderte.

Sonntagsruhe, Abendfreude und -Ruhe gingen mit großen Augen leicht, aber hoheitsvoll als Hauch, Gedächtnis und Gefühl daher. Aus des bildhübschen Dorfes Kaminen räuchelte und lächelte bläulicher Abendessenrauch hervor, der in der stillen Luft leise umher säuselte. In allen Küchen, so dachte Hans, wurden jetzt Kaffee und Rösti zubereitet, und da er sich dies sagte, hatte er das lebhafteste Verlangen, wieder einmal tüchtig Rösti zu essen.

Er ging vom Wirtshaus weg. Am abendlichen Kanal standen etliche emsige Angler. Die Eisenbahnbrücke schimmerte silbrig und rosig. Wie eine ungeheure Welle des Entzückens schwamm es von überall her über die Erde hinweg und legte sich auf alles.

Hans trat in einen dörflichen Kramladen, der ganz voll Röstiduft war, weshalb er vor Gelüste schier zerging, doch zu sagen wagte er natürlich nichts, da es kaum anging, mir nichts, dir nichts in die Häuser zu treten und mitzuhelfen Abendbrot zu essen.

Immerhin hatte er mit einer Wirtsfrau plaudern können, was zwar durchaus nicht viel, doch sicher auch nicht wenig war. Erbauliche Gespräche schätzte er sehr.

Heimlich für die schöne Figur der Frau B ... zu schwärmen, die er »Orientalin« nannte, kam ihm entweder gar nicht oder sehr darauf an, je nachdem ihm derlei Übung Spaß machen mochte. Zeit nahm er sich hiezu wie zu Ähnlichem etwa immer ein wenig. Abends auf der Promenade lief er mitunter hinter erwähnter Dame dicht einher, wobei er dachte, daß es vielleicht schöner für ihn wäre, sie am Arm zu haben, doch befriedigte ihn vollauf nur schon der Anblick ihres entzückenden Ganges, sowie der Genuß ihres berückenden Rückens. Schwärmer sind mit Wenigem, ja sogar oft mit Winzigem schon glücklich. Einmal traf er sie am Seeufer an, wo sie ihm einen flüchtigen Blick schenkte, der einige Aufmerksamkeit zu enthalten schien. Hans flog deswegen, ohne sich im mindesten zu unterrichten, ob derartige Reise klug sei, in den siebenten Himmel hinein, um ziemlich lang ohne jeden Verstand zu sein.

Eines frühen Morgens stand er am himmlisch glänzenden See, bei der Landungsstelle, wo er Zeuge einer überaus reiz- und poesievollen Szene war, indem nämlich gerade mit dem prächtig in der Morgensonne funkelnden Schiff eine Mädchenschule von ihrem Sommerausflug heimkehrte.

Das liebenswürdige bei der Sache war, daß den Kindern von stattlicher Musikkapelle oder Stadtmusik mit lieblichen, graziösen Freudenmelodien ein ebenso feierlicher wie drolliger und fröhlicher Empfang bereitet wurde, der sich in heller, froher Landschaft ungemein schön ausnehmen mußte. Hans hatte dergleichen bisher nie gesehen, ebensowenig wollte ihm späterhin etwas so hübsches jemals wieder vor die Augen kommen.

Wie da der wundervolle See blitzte, alles hellblau und hellgrün und feenhaft weiß war, die gesamte Umgebung wie mit lieben, unschuldigen Mädchenlippen lächelte, alle hellgekleideten Kinder hinter vorausmarschierender, flotter, strammer Musik einher in die Stadt hinein spazierten, die Musik selbst zu solch artiger Stunde, bei so liebreizender Gelegenheit alsbald Gestalt angenommen haben und zum Taubengeflatter, Schwalbengezwitscher, oder besser noch zu einer in Lüften schwebenden Engelsreigen geworden sein wollte, alles dieses so süß, herzensgut, froh und glücklich schien, konnte der Zuschauer nie wieder

vergessen, prägte sich in seinem Kopf zu fest ein, als daß er imstande gewesen wäre, es je fallen zu lassen oder gar fortzuwerfen.
Doch auch sonst sah er manches, wessen er sich später auf gute Art entsann.
So zum Beispiel sah er, wenn er abends bei Regenwetter etwa am See stand, Leute mit Regenschirmen, die sie über ihren Köpfen und Kleidern aufgespannt hielten, bis in alle Nacht hinein behaglich im See hin und hergondeln, was eine Art Schiffahrt war, die ihn lebhaft an die Sitten und Bräuche in China oder Japan mahnte, obwohl er weder ersteres noch letzteres fremdartiges Land je im Leben mit Füßen und Schuhen betreten oder mit eigenen Augen gesehen hatte. Hingegen wurde ihm von einem Kameraden, der dort gewesen war, viel davon erzählt.
Eine herrliche Kastanienallee, die zum See hinausführte, die einer hohen, grünen Halle, saftiggrünem Klostergang oder Kirchenschiff, einem Korridor oder muntern und schönen Höhle glich, dann vielleicht wieder Ähnlichkeit mit länglichem Lustzelt voll grünlicher Dekorations- und Theatermalerei haben konnte, in ihrer Art jedenfalls einzig und sehr wahrscheinlich fürstlich schön, geradezu entzückend war; ebensogut in irgend einem Schloßpark oder anderswo stehen mochte, als da, wo sie in der Tat stand, die übrigens aus der Zeit der Fremdherrschaft oder Franzosenzeit stammte, wo sie auf Befehl eines Generals, Armeekorpskommandanten oder herrischen Eroberers angelegt worden sein soll – bewunderte Hans stets von neuem, das heißt beständig.
Der lange Satz mag womöglich einige Verwunderung erregen. Seiner Verwegenheit wegen verdient er ohne Zweifel Beachtung. Ach, daß sich Schriftsteller lieber leichtfaßlich

und schlicht als kapriziös und kompliziert ausdrücken wollten.

Fünf bis acht nahegelegene Ort- und Dorfschaften liebte Hans so zärtlich, wie wenn jedes einzelne dieser derart bevorzugten Dörfer seine spezielle Heimatgemeinde und Geburtsstätte gewesen wäre. Mit Besuchabstatten von einem jeden Dorf wußte er immer schön und fleißig abzuwechseln, gab vielleicht dem einen oder andern einen kleinen Vorzug, ohne es jedoch mit der Vorliebe allzu ernst zu meinen, da ihm alle am Ende völlig gleich lieb waren.

In lebendigem, treuem Andenken blieb ihm ein heimeliger, von hohen Nußbäumen beschatteter, zarter, alter, guter Wiesenweg mit eben von der Arbeit heimkehrendem, sanftem, schönem Mädchen, das unter Umständen recht gut als Frau für ihn gepaßt haben würde, falls er ihr gefallen hätte, wovon er keineswegs überzeugt zu sein wagte, weil er sich mit ziemlich gutem Grund sagte, daß solche Annahme und dreiste Vorbehaltlosigkeit frech sei.

Ebenso blieb ihm haften und hängte sich ihm zutraulich an eine breite, im Sonnenuntergangslichte strahlende, schwimmende, ganz mit flüssigem Gelb oder Gold überschwemmte Landstraße mit vielerlei hübschen Fabrikmädchen, deren Gesichter, Mienen, Gesten, Gestalten von dem entzückenden Abendfeuer wundervoll umleuchtet waren, Anblick, der ihm den Gedanken eingab, daß er alle diese jungen, zarten, weiblichen Mitmenschen herzlich gern umhalst und liebkost hätte, was freilich bei so stattlicher Mädchenanzahl ein kühnes und daher schwieriges Unterfangen gewesen sein könnte.

Ein anderes Mal, freilich etwas später, nämlich schon mitten im darauffolgenden Schnee- und Nebelwinter, sah er auf eben genannter Verkehrsstraße zwei Kinder, die still, mit kindlichwildem, zigeunerhaftem Haar um die Gesichterchen herum, aus merkwürdigen, schwarzen Augen tief vor sich hinblickend, eng nebeneinander dastanden.

Dieses und anderes kam ihm nachträglich immer wieder vor die Gedanken. Immer wieder glich es einem Wiedersehen, Wiederfinden. Mancherlei längst Geschautes fiel ihm bei Gelegenheit frisch wieder ein, worüber er sich freute.

Einen Gegenstand zu späterer Stunde rein nur durch Nachdenken wieder zu sehen, sei vielleicht schöner als der Augenblick des wirklichen Erlebens und Schauens selber, meinte und sagte er.

Überhaupt rührten ihn Kinder tief, und ihre Spiele entzückten ihn. Lag nicht auf Kinderspielen und -Gruppen, die er da und dort auf Dorfstraßen, neben hübschen, altväterischen Gebäulichkeiten zu sehen bekam, immer sowohl ein Anmuts- als immer auch ein Armutszauber?

Kinder sind ja immer wehrlos und arm, mögen ihre Eltern noch so wehrhaft, kräftig und behäbig sein. Für Hans war jedes Kind ganz eigentümlich schön, er wußte manchmal selbst nicht recht warum.

»Verdiene ich so viel Genuß?« fragte er sich öfters, wenn er sich durch einen schönen Ausblick, eine gute Empfindung oder durch ein reicheres Gefühl besonders hoch ergötzt fand. Manchmal erschien ihm die Welt namenlos gut, warm und hell. Vor gewissen landschaftlichen, baulichen oder irgendwelchen sonstigen natürlichen Schönheiten pflegte er, ähnlich wie ein Maler, stillzustehen, der die Töne, Umrisse bereits beim Anschauen in seiner Phantasie entwirft. Manches, was er sehen mochte, mahnte ihn an die merkwürdigen Bilder von Cézanne. Ein anderer Anlaß brachte ihm den herrlichen Maler Renoir in den Sinn. Beim Anblick eines wogenden, gelben Kornfeldes, durch das ein heißer, wonniger Sommerwind strich, der mit den Halmen anmutig spielte, mußte er unwillkürlich an Van Gogh denken, der solcherlei Dinge mit vielleicht schon fast erschreckendem, liebendem Eifer malte.

Als Hans einmal auf einem Hügel stand, von wo aus er eine weite, reiche Flußgegend mit allerlei zerstreuten Feldern, Baumgruppen, Dörfern, Kirchturmspitzen, Schloßtürmen reizend ausgebreitet erblickte, sagte er für sich: »Sieht dieses schöne Stück Erde, das so leuchtend vor mir liegt, das von freundlichem Menschenleben besetzt ist, aus der Entfernung nicht beinahe wie das Gemälde eines holländischen Meisters aus?« Derart mahnte ihn Natur öfters an Kunst, was ganz natürlich war, da ja schließlich alle Kunst von gütiger, mütterlicher Natur herrührt.

Das Grasen der Kühe auf hochgelegener Bergweide mit damit köstlich verbundenem, liebreizendem, melodiösem Glockengeklingel, das freie schöne Herumliegen und Stehen der friedlichen Tiere, das Herumfaulenzen eines gewissen, scheinbar leider gänzlich unnützen Alltag- oder Ausnahmemenschen, der zum im Gras liegen offenbar übermäßig viel Zeit hatte, das Klingen und wieder das sorgsame Horchen auf eben dieses beseligende, beruhigende Tönen, das Lauschen auf diese hohen, reinen Altertumstimmen, die Bäume und der gute blaue Himmelsfrieden rund herum, der Felsen, die stille Berghütte: alles dieses wollte einem überaus unbrauchbaren, doch immerhin womöglich sonst ganz netten, artigen, höflichen, anständigen Menschen, nämlich Hans, ganz und gar nicht aus dem Sinn gehen, was er auch nicht wünschte, denn an so viel Schönem und Erquicklichem hing er jederzeit mit Lust und fraglos aufrichtigem Vergnügen.

An das heitere Rebengelände am See mit seinen behaglichen Rebdörfern, den mächtigen Felsblöcken, zierlicher, schlanker Kirche, anmutigen Stützmäuerchen in den Reben, den schroffen, stotzigen, engen Gassen, die durch eben dieselben führten, an die braven Männer und Frauen, die er fleißig und unverdrossen schaffen, schanzen, arbeiten sah, wobei er sich über den eigenen Müßiggang doch etwa hoffentlich nicht nur wunderte, sondern gehörig schämte, was ihn Gott sei Dank mit etwelcher ernster Besorgnis wird haben erfüllen müssen, an das nachherige, allfällige drinnen im Gasthaus beim leise schäumenden, perlenden Weißwein Sitzen, der seiner maßgeblichen oder belanglosen Meinung nach vorzüglich mundete, an die ehrwürdige, alte Dame am Gaststubenfenster, an die dunkelgetäfelte, freundliche Stube selber mit mehreren Darstellungen aus der in einer reizenden Novelle von Puschkin erwähnten weltbekannten Geschichte vom verlorenen Sohn, nebst andern anziehenden Abbildungen an den Wänden: hieran wie an die Laube, oder Terrasse an der Seeseite, wo es sich abends prächtig saß, dachte er (man weiß ja wer) ebensogerne wie an verschiedene sonstige heitere, angenehme Dinge.
Architektonisches, wie zum Beispiel einige Ritterschlösser und Edelsitze am See oder in der Stadt die Stadtkirche auf prächtiger Plattform oder ein alter, mit packender, markanter Kriegerfigur bekrönter Brunnen mußte ebenso merkenswert bleiben, wie manches nahezu ebenso Bedeutende und Schöne, als etwa ein runder Festungsturm mit Zinnen und Schießscharten, der nicht übel nach Damaskus oder sonst wohin gepaßt hätte, weiter eine nett gelegene Schwanenkolonie, wo Enten, Gänse, Tauben, Sperlinge, Hühner und Schwäne so gut betrachtet, wie gefüttert werden konnten, oder etliches und ähnliches mehreres.

Da es von allerlei Dingen, die säuberlich und fleißig aufbewahrt sein wollten, förmlich gramselte und ragelte, so blieben immer noch Mengen übrig, die er berücksichtigen sollte, wozu er jedoch unmöglich genügend Kopf haben konnte.

Wenigstens aber war er eines Tages zwei armen Dorfschuljungen eine Strecke weit beim Karrenziehen und -stoßen behilflich, Vorfall oder winziges Vorkommnis, das Hans beständig begleitete, ähnlich, wie ein treues, folgsames Hündchen seinem Herrn oder seiner Herrin nachzulaufen pflegt. So unbedeutend das kleine Ereignis an sich auch sein mochte, grub es sich dennoch fest in sein Gedankenleben ein. Ort der Handlung war ein steiler Felsenweg, wo beide Knaben mit größter Anstrengung einen Wagen vom Fleck zu bringen versuchten. Einer von ihnen fing schon an zu weinen, weil das schwierige Unternehmen durchaus nicht glücken wollte. Vergeblich wurde eine um die andere verzweifelte Kraftleistung aufgeopfert.

Da nun unser Herr Hans gerade des Weges daherkam und die große Not sah, so half er stoßen, wodurch die Sache reizend und rasch vorwärts ging. Indem die kleinen Burschen sich beim Großen für das Entgegenkommen manierlich bedankten, dachte und sagte sich dieser:

»Wie schön ist es, Hand anlegen und jemandem helfen zu können. Wie freut mich dieses allerliebste kleine Abenteuer. Wie hat sich soeben ein weinerliches Gesicht in ein ungetrübtes, zufriedenes, anerkenntlich lächelndes verwandelt.

Oft genug habe ich mich gesehnt, etwas weniger Gutes, irgend etwas Freundschaftliches tun zu dürfen. Hier hat sich nun eine kleine Gelegenheit gezeigt, gutherzig zu sein, menschlich mitzufühlen und miteinzugreifen.«

Hans hatte sich nämlich schon die längste Zeit hie und da vorgeworfen, daß er nur immer glatt und leicht so für sich selbst hinspaziere, weder an die Leute noch irgendwie an rauhes, tägliches Erwerbsleben geknüpft sei, vielmehr an Menschen wie Verhältnissen nur vorüberhusche, nicht so sehr im Leben selber stehe, wie leider eher nur daneben vorbeigehe, am Leid und an der Freude der Menschen, zwar keinesfalls achtlos, doch aber eigentlich zu schnell, zu stark mit sich selbst beschäftigt, vorüberfahre, deshalb tätiges, leidendes Leben, statt mitzuleben, im Grund nur anschaue, viel zu sehr Zuschauer, dementsprechend viel zu wenig handelnder Teilnehmer, wesentlich ergriffener Beteiligter sei.

Einmal traf es sich, daß er einen alten Herrn, dessen weißes Haar ihm tiefen Eindruck machte, auf eine mäßige Anhöhe begleitete. Einige Kirschbäume, die den Weg schmückten, waren dicht mit reifenden roten Früchten beladen, die wie eine Art von muntern Augen aus dem zarten Blaßgrün des Blätterwerkes herauslächelten.

Sie gingen beide in den nahe gelegenen Wald, vorher waren sie durch ein kleines Neuquartier oder artiges Außenviertel gekommen.

Für alles, was irgendwie sehenswürdig schien, zeigte sich der alte Herr aufs lebhafteste interessiert, derartig, daß sein hohes Alter überaus jugendlich anmutete.

Der Anblick des heitern grünen Waldes, der wie eine grüne Hauptstadt, festliche Residenz, Königspalast und freundlich-feierlich-hoher Dom in Grün aussah, bereitete den Greisenaugen, dem Herzen des alten Mannes eine große Freude. Hans merkte dies und freute sich darüber. Sehen zu dürfen, daß sich jemand freut, stimmt uns selber freudig, falls wir artig sind.

Aus dem lieblichen Verborgenen heraus, wo sie eine ebenso unkriegerische wie unsichtbare Armee bildeten, gaben die Waldvögel ein Nachmittagskonzert zum besten, das die verwöhntesten Ohren hätte befriedigen können.

Sichtlich froh, wie er über seine wohlerhaltene Gesundheit war, die ihm gestattete, noch in den alten Tagen den Berg zu besteigen, um die schöne Aussicht daselbst zu genießen, äußerte der alte Herr fast mit Stolz, jedenfalls aber ungemein gutmütig, daß ihm seine alten Beine besser gehorchten als jüngere Beine manchem Jungen. Hans, der mit einem gewissen Mitleid den Januarschnee auf dem Kopf des alten Herrn betrachtete, konnte die Lebhaftigkeit und die Lebensfröhlichkeit, die er ihn zur Schau legen sah, nicht genug anerkennen.

»Wenn aufgehäufte Jahre und längst begonnene Gebrechlichkeit so freudig die Welt noch willkommen zu heißen vermögen, wie muß erst Junges und Kräftiges sich dann in jedem Sinne zur Gutmütigkeit und dankbaren Lebensbejahung verpflichtet fühlen«, war der vornehmliche Gedanke, der ihm in des alten Mannes Gesellschaft zum Bewußtsein kam.

Am ersten August, bekanntermaßen schönsten vaterländischen Feiertag, wurde abends auf dem See allerlei Schiffahrt mit blitzendem, zischendem Feuerwerk veranstaltet. Barken und Segelschiffe schwammen kreuz und quer durch das Wasser, während am lampengeschmückten Ufer zahlreiches munteres Publikum stand und lustwandelte. Hoch in die nächtliche Luft flogen Raketen, um als sprühender Feuerregen in den See niederzufallen, was ein Schauspiel war, das fast wie eine venezianische Nacht aussah. Von Anhöhen hernieder glühten Feuerkugeln; durch das stille Schwarz der Nacht schossen prächtige, obgleich nur künstliche

Sterne. In weiter Ferne, hoch oben auf den Bergen, brannten Erinnerungsfeuer. Die Nacht war still und warm, wie ein sorgfältig zugeschlossenes Zimmer oder wie ein hoher, schöner, vornehmer, dunkler Saal, wo jedermann, weil überflüssiges Geräusch unpassend zu sein scheint, sich unwillkürlich stillhält.

Auf naher, bewaldeter Berghöhe fand Hans zwischen allerlei verstreutem, hellgrünem Haselnußgebüsch und frei umherstehenden größeren Bäumen so schöne Spiel- und Ruheplätze, wie sie wohl nirgends anderswo zu sehen gewesen wären. Stellen gab es da, wovon er sich nur mit Mühe loszureißen vermochte, weil sie wie zu immerwährendem Sitzen und Liegen einluden, damit hier der Wanderer und Erdenbewohner ununterbrochen schlummere.

Hans legte sich bald da, bald dort an den grünen, weichen, dicht mit wohlriechenden Gräsern und Blumen bedeckten, zutraulichen Boden nieder, schaute in den Himmel hinauf, erhob sich und ging weiter, um sich bald danach nur wieder von neuem unter irgendeinen Baum an irgendwelchem Plätzchen in die Matte zu legen.

Solcherart verlebte er die schönsten Stunden. Ihm schien, daß ihm noch nie bisher so zart und leicht zu Mut gewesen sei. Nichts Dunkles mehr, nur bisweilen etwas Halbdunkles trat ihm vor das glückliche Herz. Von uneingeengter Seele nahmen Illusionen Besitz. An den Genuß der freien Natur warf er sich ähnlich, wie die Geliebte an den Hals des Geliebten, das Kind an die Mutter, die Gattin an den guten, treuen Gatten, der Freund an den Freund sich werfen, um sich am Guten und Schönen voll Vertrauen festzuhalten.

Indem er still dalag, sah er einige Leute hin- und hergehen, die an Schönheit und Freiheit, Atem und Bewegung, Ruhe

Ungezwungenheit und ringsumhergebreitetem Frieden ebenso große, wenn nicht noch größere Freude hatten, und sich um aller Unumwundenheiten, aller solcher Anmutungen willen, wenn nicht glücklicher, so doch ebenso glücklich fühlten wie er.

Sein Faulenzertum stieg von Tag zu Tag bedenklich, ungefähr wie eine Überschwemmung. Hans dachte: »Ich muß doch aber bald sehen und sorgen, daß ich hart arbeite.« Eiserner Entschluß, felsenfester Vorsatz waren an und für sich immerhin ganz schön. Hans arbeitete deshalb aber noch lange nicht hart. Vielleicht käme es ihm später, tröstete er sich.

Ganze Hände oder Fäuste voll Erdbeeren zu pflücken und essen behagte ihm sehr. Möglicherweise kommt einmal eine Zeit, wo derjenige, der sich bei solcherlei Müßiggang oder tagediebischer Beschäftigung erwischen läßt, gefangen gesetzt und zu Zwangsarbeit verurteilt wird.

Hans war froh, daß er nicht in Sparta lebte, wo ihm dergleichen hätte arrivieren können. Ihm war Athen entschieden lieber.

Auf mannigfaltigen Forschungsreisen, die er freilich selten oder nie bis über die nähere Umgebung hinauslaufen zu lassen pflegte, traf er einst auf einsamer Bergeshöhe einen alten Knecht an, mit dem er ungemein geeignete, warme, obgleich nur flüchtige Bekanntschaft schloß. Infolge erfreulicher Unterhaltung ergab sich, daß der Knecht ein offenherziger, armer, nochmals armer und abermals armer Mensch sei. Jawohl, es gab arme, durchaus schlimmes Los schluckende, unsäglich mühsam und hart arbeitende Menschen auf scheinbar oft so freier, reicher, leichtlebiger Welt.

Ferner lernte unser Streifzügler, Erkundigungsmärschler

und Patrouillengänger zu guter Zeit ein Wirtshaus kennen, das eher einer vornehmen Baronenvilla als dem glich, was es vorstellen sollte. Es gab da weiß Gott was für edle, vielfach wahrscheinlich mißverstandene, melancholisch-patrizische, zarte, anspruchsvolle Goldfische, die in Grotten mit Springbrunnen überaus eigenartig schillerten und schwänzelten, was völlig in Ordnung zu sein schien. Daneben kamen allerdings auch anderweitige, nicht besonders interessante, weil ordinäre, banale, mithin verächtliche, erstaunlich unangesehene, klägliche Fische vor.

In wundervollen Zimmern plazierte, elegante Zieruhren von hinreißender Älte waren besorgt, daß Hans ganz einfach vor Staunen närrisch werden, vor Entzücken umsinken und vor Bewunderung halb von Sinnen kommen könne, was er sogleich tat, da er leicht und gerne staunte.

Ferner sah er anläßlich nächtlicher Eisenbahnfahrt eine bei glücklichem Gatten sitzende, absolut nicht fröhliche, sondern, wie es schien, durchaus unglückliche und daher bedauernswürdige Gattin. Fast wäre da Hans wegen voreiligen überströmenden Mitleides in ein allerdings vielleicht romantisches, dafür aber offenbar recht sehr dummes, überflüssiges Abenteuer verwickelt worden. Rechtzeitig fiel ihm glücklicherweise ein, daß es sich diesfalls ebensowohl um Reisemüdigkeit wie um Untröstlichkeit und Ehedrama handeln mochte, weswegen er sich so fröhlich und tüchtig wie möglich auslachte.

Ferner spionierte er aus und entdeckte er gelegentlich zwei bis drei Studentendarstellungen, die beweisen zu wollen schienen, daß niemand auf der Welt so fidel und lustig lebe, wie Studenten. Weiterhin wurden durch unsern fleißigen Ermittler und Bot- und Kundschafter in einem Landwirtshaus einige wirksame farbige Bilder aus dem deutschfranzösischen Krieg von anno siebzig freundlich ermittelt und bestens auskundschaftet.

Feststellen sowohl wie später immer wieder aufmerksam betrachten ließ sich ein wunderschönes Barockgartenportal in kunstreicher Schmiedeisenarbeit gerne.

Angenehm ragen außerdem als Kuriositäten hervor ein Wirtshausschild, abbildend einen graziösen Hirsch, sowie ein zweites Gasthauszeichen, darstellend einen mit assyrischen Schilderungen gewisse Ähnlichkeit aufweisenden merkwürdigen, zungenvorstreckenden Löwen.

Noch sei eine schlanke, schwarzgekleidete, stolze Dame erwähnt, die Hans nah bei einem fashionablen, exklusiven Grandhotel im Wald antraf, konstatierend, daß sie stechende Augen habe.

Anzuhängen sind einige Marmorgartentische, obwohl Marmor mehr hart und monumental als zierlich und zum Anhängen dienlich sein mag.

Auf einem hellen, kleinen, sonstigen Streifzug oder gelinden Ausmarsch, der ihn neben vielerlei lieblichen Gärten und allerhand gedeihlichen Pflanzungen vorbeiführte, kam Hans vor eine Dorfkirche mit goldig blitzendem Hahn auf der Kirchturmspitze und prächtigen gothischen Fenstern, deren fröhliche Glasmalereien ihn entzückten.

Rings um die Kirche war alles hell und zugleich dunkelgrün; feucht und zugleich schimmernd-sonnig. Er trat in den Toten- oder Friedhof hinein, wo er bedächtig die blassen, kaum noch leserlichen Inschriften auf den alten Grabsteinen las, die von Buchsbäumen und andern seltsamen Gebüschen, deren Blätter und Nadeln schlanken Federn und zarten Händen glichen, dunkel umsponnen waren.

Am gedankenvollen Ort unweigerlichen Lebensendes dufteten und prangten Sommerglück und -Schönheit. Leben und Sterben, Blühen und Welken, Vögelsingen und Menschengräber, blauer Himmel und Grabschriften schienen hier innig zusammengewachsen. Hans blieb lang im kleinen Dorffriedhof, der eine so süße Poesie enthielt.

Nachher sah er ein Pfarrhaus, das ebensogut ein feines Herrenhaus, wie bloß ein bescheidenes und frommes Pfarrhaus sein konnte. Aus offenem Fenster tönte frohes Klavierspiel in das glückliche, morgendliche Grüne heraus.

»Der Pfarrer hier scheint ein musikliebender Mensch zu sein, falls nicht etwa Frau Pfarrerin es ist, die so hübsch spielt. Da Musikfreunde sicher immer auch Menschenfreunde sind, so schickt es sich für einen Prediger des Gotteswortes fraglos sehr, Liebhaber und treuer Freund von Tönen zu sein. Diesen mir unbekannten Pfarrherrn, der in so schönem, gefälligem Landhaus wohnen und schon frühmorgens auf dem Klavier eifrig phantasieren darf, beneide ich ehrlich. Wenn ich nicht fürchten müßte, durchaus ungelegen zu kommen, oder in offenbar hohem Grade keck, unverschämt und frech zu erscheinen, so träte ich herzlich gern ins stattliche Haus hinein, um ihm flüchtigen Besuch abzustatten und alle die Herrlichkeiten und Eigentümlichkeiten, die es bergen mag, sorgfältig kennen zu lernen. Daß ich solches gute Gebäude nur schon immerhin von außen habe betrachten und in Augenschein nehmen dürfen, kann und soll mich freuen, und zwar aufrichtig.«

Dieses und ähnliches still für sich sprechend, ging der Spaziergänger friedlich weiter, wobei er mit aufmerksamen Augen eine unter hohen Obstbäumen gelegene, behagliche Seilerei streifte. Allerlei bäurische, ländliche Schönheit, Heimlichkeit, freundlich-kluge Heimatlichkeit lag überall frei herum, trat groß und ruhig einher. Das weite, breite

Bauernland glich in seinem schönen, reichen Wachstum, mit seinen vielen angenehmen Gesichten und Dingen einem in jedem Sinne guten, ehrbaren, tiefsinnigen Volks- oder Kirchenlied voll Einfachheit, doch auch voll Hoheit. Appetitliche Häuser traten breit und freundlich hervor. Ein kleines, ärmliches Häuschen, das auf zartem Wiesenabhang stand, sah in seiner liebenswürdigen Geringfügigkeit wie Verkündung des Friedens, Ausdruck des Daseinsgenusses, Sinnbild anspruchsloser Lebensfreude aus.

Hans sah Bienenkörbe sowie in heller Luft herumfliegende Bienen, ebenso Hühnerhöfe sowie gackernde Hühner, ebenso ein sich behaglich sonnendes Kätzchen und ein weiteres kleines, allerliebstes, schwarzes und weißes Kätzchen.

Bald da, bald dort strich er verklärt, still entzückt, berauscht und ganz und gar vergnügt herum, gelangte in ein Stück Wald, ging sachte und hübsch wieder draus hinaus, kam zu Wiesen und Feldern, zu einer Knabenschar, in eine entlegene Dorfgasse, wo er zur Strafe für sein Herumstrolchen von wachsamem Hund ganz fürchterlich angebellt und angeschnauzt wurde.

Überall, wohin er ging und blickte, lag stets ein und dasselbe Schöne, Heitere und Herzliche umhergebreitet. Wozu hätten Abwechslungen dienen sollen? Ähnliches, Nämliches mußte immer wieder neuerdings gut und schön und liebenswert genug sein. Ein und dasselbe blieb ja fraglos immer wieder das Schöne und Beste. Weshalb hätte es irgend anders sein sollen? Das Gleiche war für ihn immer wieder höchlich überraschend. Glich nicht auch ein Jahr dem andern, und nicht jedwedes Leben ebenso? Waren Wiederholungen nicht willkommener als Gegensätze? Sanfte, ruhige, liebliche Gleichmäßigkeiten nicht wünschenswerter als Härte, Unruhe, Heftigkeit und schroffe Unterschiede? Mußte denn, was irgend recht und billig schien, gewaltsam ersetzt werden? Hätte all dieses Gute, Beglückende durch Neuerung, Änderung unterbrochen sein sollen? Sah denn der Vernünftige bisheriges Angenehmes und Anmutiges nicht herzlich gern in immer neuer ähnlicher, nämlicher sympathischer Erscheinung?

Auf einem schmalen Steindamm, der sich seinem Gedächtnis lebhaft einprägte, der eine kurze Strecke weit in den See hinaus führte, pflegte sich Hans an warmen, manchmal freilich auch an rauhen, windigen Tagen, bei West- so gut wie bei Ost- und Bergwind, bei sonnigem so gut wie bei Regenwetter auszuziehen, um zu baden, weil letzteres ganz einfach unerhört schön für ihn war. Einmal schrieb er seinem Freund:

»Da ich einen entzückend netten, bequemen Badeplatz habe, der mich keinen roten Rappen kostet, so bin ich vielleicht berechtigt, zu sagen, daß ich über Genüsse verfüge, wie ein Baron, d. h., daß kein Fürst es besser hat wie ich.«

An die vielen herrlichen Stunden, die er beim Baden erlebte, dachte er im Verlaufe seines späteren Lebens mit immer gleich großer Freude. In himmlischer Bläue, oft ganz weiß, entzückend hell wie ein Edelstein, lag der See vor ihm, und mit seinem Berghaus inmitten ansteigenden Waldes erhob sich am andern Ufer der edle Berg in wundervollem sanftem Schwung.

Einmal, da Hans badete oder bereits gebadet hatte, trat ein Knabe, der sich mit Angeln abzugeben oder eben abgegeben zu haben schien, zu ihm auf den Damm, wobei es zu einem kleinen, vergnüglichen Geplauder kam, woran sich beide gleicherweise ergötzten.

»Du hast geangelt«, sagte Hans zum Knaben, »hast du aber auch etwas gefangen?«
»Nein, heute nichts«, wurde mit munterer Stimme geantwortet. »Ihr aber habt, wie es scheint, hier gebadet.«
»Ja«, sagte Hans.
Nach einer Weile fragte der Junge: »Wer seid und was treibt Ihr?«
»Nimmt dich dies wunder?« machte Hans lächelnd. Er fand die Frage des guten Jungen, der im nahen Dorfe daheim sein mochte, ungemein lustig.
Der Tag war von wunderbarer bläulicher Sanftheit. Das Wetter schien artig, wie ein überaus gut erzogenes, liebes, kleines Kind. Das Leben, das oft so unsanft ist, glich in diesem Moment einem glücklichen, nachlässigen Lächeln. Ein leises, verträumtes Vormittagslüftchen wehte und streichelte liebkosungshaft aus Westen her über die Bäume, deren Blätter in einige Bewegung kamen, was ein lispelndes Geklingel ergab. Der See glich einem Schwane, der sich an seiner eigenen Schönheit berauscht. Auf schimmernd weißer Wasserfläche lagen einige stille Boote. In der Mitte flog ein Dampfschiff durch den breiten See.
»Dir zu sagen, was und wer ich bin und was ich schaffe, dürfte ziemlich schwer sein. An der Art und Weise, wie ich hier den Vormittag verbade und verträume, kannst du erkennen, daß ich gegenwärtig eher träge als arbeitsam bin. Womöglich sehe ich wie ein Erzfaulenzer aus, nicht wahr? Doch hat es schon Zeiten für mich gegeben, wo ich erlebte, daß es mich zu schaffen zwang, zu wirken hinriß, als ob es gegolten habe, wie für vier oder sechs zu arbeiten. Wie mir scheinen wollte, machte mich dies unglaublich froh. Leisten, wälzen und was alles drum und dran hängt, ist ja ein Glück, und ich glaube, daß für mich solche strenge Zeiten

sicher einmal wiederkehren werden. Ich spüre wohl, daß ich schaffen, mit Blitzeskraft und -Geschwindigkeit mich rühren und an ermüdender Tätigkeit mich freuen sollte. Doch sage ich mir, daß man nehmen müsse, was da kommt. Wo eine Freude vor dir liegt, die nicht unerlaubt ist, mußt du sie an dich ziehen und genießen. Man redet sich ein, daß Leid sowohl wie Freude auf der Welt seien, daß, wo unumgängliche Schwierigkeit sich auf uns werfe, Härte an uns herankomme, wir sie zu tragen und uns geduldig plagen zu lassen haben. Inzwischen tut mir in tiefster Seele gut, hier aufs Wasser zu schauen und im Bewußtsein, daß dies göttlich schön sei, Stunden hinbringen zu dürfen. Doch indem ich dir Dinge sagte, die du wohl kaum verstehst, wird es Zeit geworden sein, zu gehen.«
Lächelnd sagte der Knabe: »Auch ich muß nach Hause gehen. Lebet recht wohl.« Damit trennten sie sich.
Ja, dies war für Hans, neben vielen sonstigen frohen, naturreichen, harmlosen Stunden eine reizende Stunde gewesen. Der Sommer verging ihm wie ein Traum. Es wurde Herbst. Das Grün verwandelte sich in Braun, Gelb und Rot. Der grüne Sommerwald wurde zum buntfärbigen Indianerwald. Phantastische Nebel schlichen morgens und abends um Gärten, Wälder, Häuser herum. Auch im Herbst erlebte er schöne um schöne Tage. Freundlich verging die Zeit. Das Wetter blieb mild bis in den November hinein. Am zwanzigsten Dezember erst fiel der erste Schnee. Hans dachte, er werde bald einheizen müssen; das Stubenleben sei sonst ungemütlich.
Auch der Winter war schön. Mitten in der kalten Jahreszeit ließ es sich prächtig an die sommerliche Wärme denken. Das tat Hans mit größtem Vergnügen. Der wärmende Gedanke an den Sommer blieb durch den ganzen Winter

lebendig in ihm. Nach und nach wurde es wieder Frühling, wonach auch der Sommer wiederkehrte, der dem letztjährigen fast aufs Haar glich. Wäldchen und Wälder hatten von neuem wieder ihre liebe, grüne Wonnefarbe angenommen. Im August brach der Krieg aus.
Nun wurde es ernst für Hans.
Der hohe Bundesrat ordnete allgemeine Mobilmachung an. In allen Straßen standen ängstlich redende, horchende Menschen. Jedweder Öffentlichkeit hatte sich tiefste Bestürzung bemächtigt. Frauen und Männer gingen aufgeregt umher, schauten einander ernsthaft fragend in die Augen. Was jedermann für unmöglich gehalten haben wollte, war plötzlich nackte, harte, schreckensverbreitende Wirklichkeit geworden. Allenortes sah es aus wie Lauern und schien sich in sonst so sanfter Luft anzuhören wie Gebrüll von Tigern.
Vor Hans erhob sich mit einmal eine hohe, gebieterische Gestalt: die Pflicht. Bisher hatte er keinerlei Pflicht gekannt. An Militärdienst zu denken war ihm bis dahin kaum eingefallen. Jetzt aber wußte er, was er zu tun habe. Rasch faßte er sich, denn es gab da nichts zu bedenken. Alle bisherigen Gedanken sanken zu Boden. Was soeben noch hauptsächlich gewesen war, zerrann mit einmal in verschwindende Nebensache.
Der Name des Generals war in aller Leute Mund.
Noch einmal ging Hans in seinen Wald, um Abschied zu nehmen.
»Soll ich von allen schönen, geliebten, guten Träumen mich jetzt trennen?« redete er, »und alles, was mir kostbar war, unweigerlich fortwerfen? Soll Wertvolles für mich nun wertlos, Engvertrautes, Nahverwandtes fremd, Bedeutendes durchaus unbedeutend, Bekanntes unbekannt, Wichti-

ges unwichtig und alles, was ich fleißig betrachtet habe, von nun an unsichtbar geworden sein? Muß das Schöne nun verblassen und alles, was kenntlich gewesen ist, zukünftig völlig unkenntlich scheinen? Darf nun Sehnenswertes nie mehr wieder ersehnt und Liebenswürdiges nie mehr wieder herbeigewünscht werden? Soll dies alles sein, wie wenn es nie beachtet worden wäre?

Nun denn, so sei es, vorwärts jetzt, wohlan und die Pflicht als braver Soldat getan. Zur Fahne hinaufgeschaut, die ich bereits im Winde fliegen sehe und nun sei dem Lande gedient, zu dessen Söhnen ich zähle, und die Seele sei nun eine Vaterland liebende Seele.«

Er fuhr nach Bern, um sich dort zu stellen.

Inhalt

Leben eines Malers
5

Reisebericht
33

Naturstudie
63

Der Spaziergang
89

Das Bild des Vaters
159

Hans
181

Bibliothek Suhrkamp
Alphabetisches Verzeichnis

Adorno: Mahler 61
- Minima Moralia 236
Aitmatow: Dshamilja 315
Alain: Die Pflicht glücklich zu sein 470
Alain-Fournier: Der große Meaulnes 142
- Jugendbildnis 23
Alberti: Zu Lande zu Wasser 60
Alexis: Der verzauberte Leutnant 830
Apollinaire: Bestiarium 607
Aragon: Libertinage, die Ausschweifung 629
de Assis: Dom Casmurro 699
- Quincas Borba 764
Asturias: Der Böse Schächer 741
- Der Spiegel der Lida Sal 720
- Legenden aus Guatemala 358
Bachmann: Der Fall Franza/ Requiem für Fanny Goldmann 794
Ball: Zur Kritik der deutschen Intelligenz 690
Bang: Das weiße Haus 586
- Das graue Haus 587
Baranskaja: Ein Kleid für Frau Puschkin 756
Barnes: Antiphon 241
- Nachtgewächs 293
Baroja: Shanti Andía, der Ruhelose 326
Barthelme: Komm wieder Dr. Caligari 628
Barthes: Am Nullpunkt der Literatur 762
- Die Lust am Text 378
Baudelaire: Gedichte 257
Becher: Gedichte 453
Becker: Jakob der Lügner 510

Beckett: Der Verwaiser 303
- Drei Gelegenheitsstücke
- Erste Liebe 277
- Erzählungen 82
- Gesellschaft 800
- Residua 254
Belyí: Petersburg 501
Benjamin: Berliner Chronik 251
- Berliner Kindheit 2
- Denkbilder 407
- Einbahnstraße 27
- Über Literatur 232
Bernhard: Amras 489
- Am Ziel 767
- Ave Vergil 769
- Der Präsident 440
- Der Schein trügt 818
- Der Stimmenimitator 770
- Der Weltverbesserer 646
- Die Berühmten 495
- Die Jagdgesellschaft 376
- Die Macht der Gewohnheit 415
- Der Ignorant und der Wahnsinnige 317
- Ja 600
- Midland in Stilfs 272
- Über allen Gipfeln ist Ruh 728
- Verstörung 229
- Wittgensteins Neffe 788
Bloch: Erbschaft dieser Zeit 388
- Die Kunst, Schiller zu sprechen 234
- Spuren. Erweiterte Ausgabe 54
- Thomas Münzer 77
- Verfremdungen 1 85
- Verfremdungen 2 120
Böll: Wo warst du, Adam? 809
Borchers: Gedichte 509
Borges: Ausgewählte Essays 790
Bove: Armand 792
- Meine Freunde 744

Braun: Unvollendete
  Geschichte 648
Brecht: Die Bibel 256
– Flüchtlingsgespräche 63
– Gedichte und Lieder 33
– Geschichten 81
– Hauspostille 4
– Mutter Courage und ihre
  Kinder 710
– Schriften zum Theater 41
– Svendborger Gedichte 335
Brentano: Die ewigen Gefühle
  821
Breton: L'Amour fou 435
– Nadja 406
Broch: Esch oder die Anarchie
  155
– Huguenau oder die Sachlichkeit
  187
– Die Erzählung der Magd
  Zerline 204
– Pasenow oder die Romantik 92
Brudziński: Die Rote Katz 266
Camus: Der Fall 113
– Die Pest 771
– Jonas 423
– Ziel eines Lebens 373
Canetti: Aufzeichnungen
  1942–1972 580
– Der Überlebende 449
Capote: Die Grasharfe 62
Carossa: Gedichte 596
– Ein Tag im Spätsommer 1947
  649
– Führung und Geleit 688
– Rumänisches Tagebuch 573
Carpentier: Barockkonzert 508
– Das Reich von dieser Welt
  422
Carrington: Unten 737
Castellanos: Die neun Wächter
  816
Celan: Ausgewählte Gedichte 264
– Gedichte I 412
– Gedichte II 413
Ceronetti: Das Schweigen des
  Körpers 810

Cioran: Gevierteilt 799
– Über das reaktionäre Denken
  643
Colette: Diese Freuden 717
Dagerman: Gebranntes Kind
  795
Daumal: Der Analog 802
Ding Ling: Das Tagebuch
  der Sophia 670
Döblin: Berlin Alexanderplatz
  451
Drummond de Andrade:
  Gedichte 765
Dürrenmatt: Monstervortrag über
  Gerechtigkeit und Recht 803
Ebner: Das Wort und die
  geistigen Realitäten 689
Eich: Gedichte 368
– In anderen Sprachen 135
– Maulwürfe 312
– Träume 16
Eliade: Auf der Mântuleasa-
  Straße 328
– Das Mädchen Maitreyi 429
– Dayan / Im Schatten einer
  Lilie 836
– Die Sehnsucht nach dem
  Ursprung 408
– Fräulein Christine 665
– Neunzehn Rosen 676
Elias: Über die Einsamkeit der
  Sterbenden in unseren Tagen
  772
Eliot: Gedichte 130
– Old Possums Katzenbuch 10
Elytis: Ausgewählte Gedichte
  696
– Lieder der Liebe 745
– Maria Nepheli 721
Faulkner: Der Bär 56
– Wilde Palmen 80
Fitzgerald: Der letzte Taikun 91
Frank: Politische Novelle 759
Freud: Briefe 307
– Der Mann Moses 131
Frisch: Andorra 101
– Bin 8

- Biografie: Ein Spiel 225
- Der Traum des Apothekers von Locarno 604
- Homo faber 87
- Montauk 581
- Tagebuch 1946–49 261
- Triptychon 722

Gadamer: Lob der Theorie 828
- Vernunft im Zeitalter der Wissenschaft 487

Gałczyński: Die Grüne Gans 204

Galdós: Miau 814

Gide: Die Aufzeichnungen und Gedichte des André Walter 613
- Die Rückkehr des verlorenen Sohnes 591
- Isabelle 749

Ginzburg: Die Stimmen des Abends 782

Giraudoux: Siegfried oder Die zwei Leben des Jacques Forestier 753

Green: Jugend 644

Gründgens: Wirklichkeit des Theaters 526

Guillén, Jorge: Ausgewählte Gedichte 411

Guillén, Nicolás: Ausgewählte Gedichte 786

Guimarães Rosa: Doralda, die weiße Lilie 775

Handke: Die Angst des Tormanns beim Elfmeter 612
- Die Stunde der wahren Empfindung 773
- Wunschloses Unglück 834

Herbert: Ein Barbar in einem Garten 536
- Herr Cogito 416
- Im Vaterland der Mythen 339
- Inschrift 384

Hesse: Demian 95
- Eigensinn 353
- Glaube 300
- Glück 344
- Iris 369

- Klingsors letzter Sommer 608
- Krisis 747
- Knulp 75
- Morgenlandfahrt 1
- Musik 483
- Narziß und Goldmund 65
- Siddhartha 227
- Steppenwolf 226
- Stufen 342
- Unterm Rad 776
- Wanderung 444

Hessel: Der Kramladen des Glücks 822
- Heimliches Berlin 758

Highsmith: Als die Flotte im Hafen lag 491

Hildesheimer: Zeiten in Cornwall 281
- Hauskauf 417
- Masante 465
- Tynset 365

Hofmannsthal: Briefwechsel 469
- Das Salzburger große Welttheater 565
- Gedichte und kleine Dramen 174

Hohl: Bergfahrt 624
- Nuancen und Details 438
- Vom Arbeiten · Bild 605
- Weg 292

Horváth: Glaube Liebe Hoffnung 361
- Kasimir und Karoline 316
- Mord in der Mohrengasse / Revolte auf Côte 3018 768
- Geschichten aus dem Wiener Wald 247

Hrabal: Bambini di Praga 793
- Die Schur 558
- Harlekins Millionen 827
- Lesebuch 726
- Schneeglöckchenfeste 715
- Schöntrauer 817
- Tanzstunden für Erwachsene und Fortgeschrittene 548

Huch: Der letzte Sommer 545

– Lebenslauf des heiligen
  Wonnebald Pück 806
Huchel: Ausgewählte Gedichte
  345
Humm: Die Inseln 680
Inglin: Werner Amberg. Die
  Geschichte seiner Kindheit 632
Inoue: Das Tempeldach 709
– Eroberungszüge 639
– Das Jagdgewehr 137
Iwaszkiewicz: Drei Erzählungen
  736
Jabès: Es nimmt seinen Lauf
  766
Jahnn: Die Nacht aus Blei 682
– 13 nicht geheure Geschichten
  105
James: Die Tortur 321
Januš: Gedichte 820
Johnson: Skizze eines
  Verunglückten 785
Jouve: Paulina 1880 271
Joyce: Anna Livia Plurabelle
  253
– Briefe an Nora 280
– Dubliner 418
– Porträt des Künstlers 351
– Stephen der Held 338
– Die Toten/The Dead 512
Kafka: Der Heizer 464
– Die Verwandlung 351
– Er 97
Kaschnitz: Beschreibung eines
  Dorfes 645
– Ferngespräche 743
– Gedichte 436
– Liebe beginnt 824
– Orte 486
Kästner, Erhart: Aufstand der
  Dinge 476
– Zeltbuch von Tumilat 382
Kästner, Erich: Gedichte 677
Kawerin: Unbekannter Meister
  74
Koeppen: Das Treibhaus 659
– Jugend 500
– Tauben im Gras 393

Kołakowski: Himmelsschlüssel
  207
Kolmar: Gedichte 815
Kracauer: Freundschaft 302
Kraus: Sprüche 141
– Über die Sprache 571
Krolow: Alltägliche Gedichte
  219
– Gedichte 672
– Nichts weiter als Leben 262
Laforgue: Hamlet oder Die Folgen der Sohnestreue 733
Landsberg: Erfahrung des Todes
  371
Lasker-Schüler: Mein Herz 520
Lawrence: Auferstehungs-
  geschichte 589
Leiris: Lichte Nächte und mancher dunkle Tag 716
– Mannesalter 427
Lem: Das Hohe Schloß 405
– Der futurologische Kongreß
  477
– Die Maske · Herr F. 561
– Golem XIV 603
– Robotermärchen 366
Lenz: Dame und Scharfrichter
  499
– Das doppelte Gesicht 625
– Der Kutscher und der
  Wappenmaler 428
– Spiegelhütte 543
Lersch: Hammerschläge 718
Lispector: Die Nachahmung der
  Rose 781
– Der Apfel im Dunkel 826
Llosa: Die kleinen Hunde 439
Loerke: Gedichte 114
Lorca: Gedichte 544
Loti: Aziyadeh 798
Lovecraft: Der Schatten aus der
  Zeit 778
Lucebert: Die Silbenuhr 742
– Gedichte 259
Lu Xun: Die wahre Geschichte
  des Ah Q 777
Majakowskij: Ich 354

- Liebesbriefe an Lilja 238
Malerba: Die Entdeckung des Alphabets 752
- Geschichten vom Ufer des Tibers 683
Mandelstam: Die Reise nach Armenien 801
- Schwarzerde 835
Mansfield: Meistererzählungen 811
Mann, Heinrich: Geist und Tat 732
- Politische Essays 209
- Professor Unrat 724
Mann, Thomas: Leiden und Größe der Meister 389
- Schriften zur Politik 243
Marcuse: Triebstruktur und Gesellschaft 158
Mauriac: Die Tat der Thérèse Desqueyroux 636
Maurois: Marcel Proust 286
Mayer: Brecht in der Geschichte 284
- Doktor Faust und Don Juan 599
- Ein Denkmal für Johannes Brahms 812
- Goethe 367
Mell: Barbara Naderer 755
Mishima: Nach dem Bankett 488
Mitscherlich: Idee des Friedens 233
- Versuch, die Welt besser zu bestehen 246
Montherlant: Die Junggesellen 805
Mori: Vita sexualis 813
Morselli: Rom ohne Papst 750
Muschg: Liebesgeschichten 727
Musil: Tagebücher 90
Nabokov: Lushins Verteidigung 627
- Professor Pnin 789
Neruda: Gedichte 99
Niebelschütz: Über Barock und Rokoko 729

Nizan: Das Leben des Antoine B. 402
Nizon: Stolz 617
Nossack: Das Testament des Lucius Eurinus 739
- Der Neugierige 663
- Der Untergang 523
- Interview mit dem Tode 117
- Spätestens im November 331
- Dem unbekannten Sieger 270
Nowaczyński: Schwarzer Kauz 310
O'Brien: Aus Dalkeys Archiven 623
- Der dritte Polizist 446
- Zwei Vögel beim Schwimmen 590
Onetti: Die Werft 457
- So traurig wie sie 808
Palinurus: Das Grab ohne Frieden 11
Pavese: Das Handwerk des Lebens 394
- Mond 111
Paz: Das Labyrinth der Einsamkeit 404
- Der sprachgelehrte Affe 530
- Gedichte 551
Penzoldt: Der dankbare Patient 25
- Die Leute aus der Mohrenapotheke 779
- Squirrel 46
- Zugänge 706
Perec: W oder die Kindheitserinnerung 780
Piaget: Weisheit und Illusionen der Philosophie 362
Pilnjak: Das nackte Jahr 746
Pirandello: Einer, Keiner, Hunderttausend 552
Plath: Ariel 380
- Glasglocke 208
Ponge: Das Notizbuch vom Kiefernwald / La Mounine 774
- Im Namen der Dinge 336
Portmann: Vom Lebendigen 346

- Lebenslauf des heiligen
  Wonnebald Pück 806
Huchel: Ausgewählte Gedichte
  345
Humm: Die Inseln 680
Inglin: Werner Amberg. Die
  Geschichte seiner Kindheit 632
Inoue: Das Tempeldach 709
- Eroberungszüge 639
- Das Jagdgewehr 137
Iwaszkiewicz: Drei Erzählungen
  736
Jabès: Es nimmt seinen Lauf
  766
Jahnn: Die Nacht aus Blei 682
- 13 nicht geheure Geschichten
  105
James: Die Tortur 321
Januš: Gedichte 820
Johnson: Skizze eines
  Verunglückten 785
Jouve: Paulina 1880 271
Joyce: Anna Livia Plurabelle
  253
- Briefe an Nora 280
- Dubliner 418
- Porträt des Künstlers 351
- Stephen der Held 338
- Die Toten/The Dead 512
Kafka: Der Heizer 464
- Die Verwandlung 351
- Er 97
Kaschnitz: Beschreibung eines
  Dorfes 645
- Ferngespräche 743
- Gedichte 436
- Liebe beginnt 824
- Orte 486
Kästner, Erhart: Aufstand der
  Dinge 476
- Zeltbuch von Tumilat 382
Kästner, Erich: Gedichte 677
Kawerin: Unbekannter Meister
  74
Koeppen: Das Treibhaus 659
- Jugend 500
- Tauben im Gras 393

Kołakowski: Himmelsschlüssel
  207
Kolmar: Gedichte 815
Kracauer: Freundschaft 302
Kraus: Sprüche 141
- Über die Sprache 571
Krolow: Alltägliche Gedichte
  219
- Gedichte 672
- Nichts weiter als Leben 262
Laforgue: Hamlet oder Die Folgen der Sohnestreue 733
Landsberg: Erfahrung des Todes
  371
Lasker-Schüler: Mein Herz 520
Lawrence: Auferstehungs-
  geschichte 589
Leiris: Lichte Nächte und mancher dunkle Tag 716
- Mannesalter 427
Lem: Das Hohe Schloß 405
- Der futurologische Kongreß
  477
- Die Maske · Herr F. 561
- Golem XIV 603
- Robotermärchen 366
Lenz: Dame und Scharfrichter
  499
- Das doppelte Gesicht 625
- Der Kutscher und der
  Wappenmaler 428
- Spiegelhütte 543
Lersch: Hammerschläge 718
Lispector: Die Nachahmung der
  Rose 781
- Der Apfel im Dunkel 826
Llosa: Die kleinen Hunde 439
Loerke: Gedichte 114
Lorca: Gedichte 544
Loti: Aziyadeh 798
Lovecraft: Der Schatten aus der
  Zeit 778
Lucebert: Die Silbenuhr 742
- Gedichte 259
Lu Xun: Die wahre Geschichte
  des Ah Q 777
Majakowskij: Ich 354

- Liebesbriefe an Lilja 238
Malerba: Die Entdeckung des
 Alphabets 752
- Geschichten vom Ufer des
 Tibers 683
Mandelstam: Die Reise nach
 Armenien 801
- Schwarzerde 835
Mansfield: Meistererzählungen
 811
Mann, Heinrich: Geist und Tat
 732
- Politische Essays 209
- Professor Unrat 724
Mann, Thomas: Leiden und
 Größe der Meister 389
- Schriften zur Politik 243
Marcuse: Triebstruktur und
 Gesellschaft 158
Mauriac: Die Tat der Thérèse
 Desqueyroux 636
Maurois: Marcel Proust 286
Mayer: Brecht in der Geschichte
 284
- Doktor Faust und Don Juan
 599
- Ein Denkmal für
 Johannes Brahms 812
- Goethe 367
Mell: Barbara Naderer 755
Mishima: Nach dem Bankett 488
Mitscherlich: Idee des Friedens
 233
- Versuch, die Welt besser zu
 bestehen 246
Montherlant: Die Junggesellen
 805
Mori: Vita sexualis 813
Morselli: Rom ohne Papst 750
Muschg: Liebesgeschichten 727
Musil: Tagebücher 90
Nabokov: Lushins Verteidigung
 627
- Professor Pnin 789
Neruda: Gedichte 99
Niebelschütz: Über Barock und
 Rokoko 729

Nizan: Das Leben des
 Antoine B. 402
Nizon: Stolz 617
Nossack: Das Testament des
 Lucius Eurinus 739
- Der Neugierige 663
- Der Untergang 523
- Interview mit dem Tode 117
- Spätestens im November 331
- Dem unbekannten Sieger 270
Nowaczyński: Schwarzer Kauz
 310
O'Brien: Aus Dalkeys Archiven
 623
- Der dritte Polizist 446
- Zwei Vögel beim Schwimmen
 590
Onetti: Die Werft 457
- So traurig wie sie 808
Palinurus: Das Grab ohne
 Frieden 11
Pavese: Das Handwerk
 des Lebens 394
- Mond 111
Paz: Das Labyrinth der
 Einsamkeit 404
- Der sprachgelehrte Affe 530
- Gedichte 551
Penzoldt: Der dankbare Patient
 25
- Die Leute aus der Mohren-
 apotheke 779
- Squirrel 46
- Zugänge 706
Perec: W oder die Kindheits-
 erinnerung 780
Piaget: Weisheit und Illusionen
 der Philosophie 362
Pilnjak: Das nackte Jahr 746
Pirandello: Einer, Keiner,
 Hunderttausend 552
Plath: Ariel 380
- Glasglocke 208
Ponge: Das Notizbuch vom
 Kiefernwald / La Mounine 774
- Im Namen der Dinge 336
Portmann: Vom Lebendigen 346

Pound: ABC des Lesens 40
- Wort und Weise 279
Prevelakis: Chronik einer Stadt 748
Prischwin: Shen-Schen 730
Proust: Briefwechsel mit der Mutter 239
- Combray 574
- Der Gleichgültige 601
- Swann 267
- Tage der Freuden 164
- Tage des Lesens 400
Queneau: Stilübungen 148
- Zazie in der Metro 431
Radiguet: Der Ball 13
- Den Teufel im Leib 147
Ramuz: Erinnerungen an Strawinsky 17
Rilke: Ausgewählte Gedichte 184
- Briefwechsel 469
- Das Florenzer Tagebuch 791
- Das Testament 414
- Der Brief des jungen Arbeiters 372
- Die Sonette an Orpheus 634
- Duineser Elegien 468
- Gedichte an die Nacht 519
- Malte Laurids Brigge 343
Ritter: Subjektivität 379
Roa Bastos: Menschensohn 506
Robbe-Grillet: Djinn 787
Rodoreda: Reise ins Land der verlorenen Mädchen 707
Romanowiczowa: Der Zug durchs Rote Meer 760
Rose aus Asche 734
Roth, Joseph: Beichte 79
Roussell: Locus Solus 559
Rulfo: Der Llano in Flammen 504
- Pedro Páramo 434
Sachs, Nelly: Späte Gedichte 161
- Gedichte 549
Sarraute: Martereau 145
Sartre: Die Wörter 650
- Die Kindheit eines Chefs 175

Satta: Der Tag des Gerichts 823
Savinio: Unsere Seele/Signor Münster 804
Schneider: Die Silberne Ampel 754
- Las Casas vor Karl V. 622
- Verhüllter Tag 685
Scholem: Judaica 1 106
- Judaica 2 263
- Judaica 3 333
- Judaica 4 831
- Von Berlin nach Jerusalem 555
- Walter Benjamin 467
Scholem-Alejchem: Tewje, der Milchmann 210
Schröder: Der Wanderer 3
Schulz: Die Zimtläden 377
Seelig: Wanderungen mit Robert Walser 554
Segalen: Rene Leys 783
Seghers: Aufstand der Fischer 20
Sender: König und Königin 305
- Requiem für einen spanischen Landsmann 133
Sert: Pariser Erinnerungen 681
Shaw: Die heilige Johanna 295
- Helden 42
- Pygmalion 66
- Wagner-Brevier 337
Simon, Ernst: Entscheidung zum Judentum 641
Solschenizyn: Matrjonas Hof 324
Stein: Zarte Knöpfe 579
- Erzählen 278
- Ida 695
- Paris Frankreich 452
Steinbeck: Die Perle 825
Strindberg: Am offenen Meer 497
- Das rote Zimmer 640
- Der Todestanz 738
- Fräulein Julie 513
- Plädoyer eines Irren 704
- Traumspiel 553
Suhrkamp: Briefe 100
- Der Leser 55
- Munderloh 37

Svevo: Ein Mann wird älter 301
- Vom alten Herrn 194
Szaniawski: Der weiße Rabe 437
Szymborska: Deshalb leben wir 697
Tendrjakow: Die Abrechnung 701
- Die Nacht nach der Entlassung 611
Thor: Gedichte 424
Trakl: Gedichte 420
Valéry: Die fixe Idee 155
- Die junge Parze 757
- Herr Teste 162
- Zur Theorie der Dichtkunst 474
Vallejo: Gedichte 110
Verga: Die Malavoglia 761
Vittorini: Erica und ihre Geschwister 832
Wagner: Gedichte 703
Walser, Martin: Ehen in Philippsburg 527
- Ein fliehendes Pferd 819
Walser, Robert: An die Heimat 719
- Der Gehülfe 490
- Der Spaziergang 593
- Die Rose 538

- Geschichten 655
- Geschwister Tanner 450
- Jakob von Gunten 515
- Kleine Dichtungen 684
- Prosa 57
- Seeland 838
Weiss: Abschied von den Eltern 700
- Der Schatten des Körpers des Kutschers 585
- Fluchtpunkt 797
- Hölderlin 297
Weiß: Der Aristokrat 702
- Die Galeere 763
Wilcock: Das Buch der Monster 712
Wilde: Das Bildnis des Dorian Gray 314
- De Profundis 833
Williams: Die Worte 76
Wilson: Späte Entdeckungen 837
Wittgenstein: Über Gewißheit 250
- Vermischte Bemerkungen 535
Zimmer: Kunstform und Yoga 482
Zweig: Die Monotonisierung der Welt 493